Jürgen Zirbik

Ziele erreichen mit GMV - Workbook

Eigene Ziele mit gesundem Menschenverstand finden und erreichen –
Ziele-Wissen, Zielpsychologie und Selbst-Coaching-Anleitung

1.Auflage, Juli 2014
A 4, 121 Seiten
ISBN: 978-3-944240-13-8

© Friendship Verlag, Nürnberg, 2014

Titelgestaltung: Jürgen Zirbik

Dieses Workbook und seine Teile sind urheberrechtlich geschützt. Jede Nutzung, auch auszugsweise, außerhalb der Grenzen des Urhebergesetzes ist ohne schriftliche Zustimmung des Autors unzulässig und strafbar. Dies gilt ins-besondere für die Vervielfältigung, Verarbeitung, Übersetzung und die Verwendung für Präsentationen und Vorträge. Hinweis zu den §§46, 52 a UrhG: Weder das Werk noch seine Teile dürfen ohne eine solche Einwilligung eingescannt und in ein Netzwerk eingestellt oder sonst öffentlich zugänglich gemacht werden. Dies gilt auch für Intranets von Schulen und sonstigen Bildungseinrichtungen.

> Wenn du wirklich etwas willst, findest du einen Weg.
> Willst du es nicht wirklich, findest du Ausreden.
>
> Arabisches Sprichwort

Verwendungstipp

Nutzen Sie das Workbook als Informations-, Motivations- und Arbeitsgrundlage. Beschreiben Sie die Arbeitsblätter im Buch, je nach den gestellten Fragen und Aufgaben. So entwickeln Sie methodisch geleitet im Selbst-Coaching eigene, authentische Ziele und finden die passenden Weg, um sie auch wirklich zu erreichen.

Lassen Sie sich Zeit!

Wenn Sie es ruhig angehen wollen, bearbeiten Sie jede Woche ein Kapitel. Nach 20 Wochen haben Sie alle Kapitel und Abschnitte bearbeitet und Ihr Ziele-Thema beharrlich durchdrungen. Sie können das Ziele-Selbst-Coaching aber auch schneller, beispielsweise alles an drei Wochenenden, beziehungsweise in dem Tempo erledigen, das für Sie passt.

Kommen Sie gut an.

Jürgen Zirbik

Inhaltsverzeichnis

Verwendungstipp 3

1 7

Balsam auf die Seele 7

Erste Begegnung mit dem Ankern 8

2 13

Unterschied Leidenschaft 13

3 18

Sich selbst besser kennen lernen 18

Die psychologischen Ebenen 19

4 27

Ziele Erfolgsfaktoren 27

Modeling 30

.... 30

Erfolgsfaktoren im Überblick 30

5 36

Lebensbereiche und Lebensrollen 36

6 42

IHRE Ziele finden 42

Beantworten Sie folgende Fragen offen, ehrlich, schonungslos: 43

7 48

Zeitreise – IHR Leben da hinten 48

8 53

Die Phantasiereise 53

9 57

Die Motive Ihres Unterbewusstseins 57

10 66

Erkennen Sie Ihre Werte 66

Ihre Geburtstagsfeier zum 85sten 67

Ran an IHRE Werte!	73
11	74
Schreiben Sie Ihre Wunschliste	74
12	76
Wünsche und Lebensbereiche	76
13	78
Aus Wünschen Ziele machen	78
Beispiel nach SMART formuliert:	79
14	88
Was ist Ihr Lebensmotto?	88
15	89
Ziele veranschaulichen	89
16	95
Ihr Ziele-Bild zeichnen	95
Was richtiges Visualisieren bewirkt	95
17	97
Ziele Planung	97
18	102
Die MCII-Methode	102
19	109
Anker setzen	109
20	110
Die Disney-Methode	110
Sieben Tipps, Ziele zu erreichen	114
Literaturverzeichnis & Tipps	115
Zum Autor	117
Weitere Bücher des Autors	118

1 Balsam auf die Seele

Wir neigen dazu, herum zu jammern. Bei mir war das auch so. Früher. Kommt manchmal noch vor (das Leben ist kein Ponyhof). Selten, aber doch. Manchmal ist das berechtigt, meistens nicht. Manchmal ist das gut und wichtig (man muss auch mal jammern dürfen, sagen auch Psychologen), meistens nicht. Dann nicht, wenn es in Dauer-Selbstmitleid ausufert. Das ist wirklich ungesund, denn Dauer-Jammerer denken negativ. Und sie werden was sie denken, sagt schon Luther (der theologische Revoluzzer aus dem 16. Jahrhundert – eine schlimme Zeit).

Es ist auch ein Mentalitäts-Thema – wir Deutschen ... Sie wissen schon. Gut, verstanden. Schluss damit! Sie haben es in der Hand.

> „Alles, was ich NICHT erreicht habe im Leben,
> habe ich ausschließlich mir selbst zu verdanken."
> Abraham Lincoln

Noch nie ging es uns in Westeuropa so gut und noch nie haben die Menschen, insbesondere in Deutschland so viel „herumgenölt" und gejammert (behaupte ich jetzt mal). Die Burn-Out-Raten steigen, ADHS bei Kindern nimmt zu (ich sage Ihnen, das liegt am Fernsehen, am Internet, am Computer, an dummen Eltern, an unfähigen Lehrern, an debilen Vorbildern – Stefan Raab, Oliver Pocher & Co., ...). Wir können hier gerne weiter jammern, Schuld zuweisen oder sonstigen Unsinn treiben. Bringt aber nix. Da zitiere ich wieder gerne Larry Winget:

> „Halt den Mund, hör auf zu heulen und lebe endlich."
> Larry Winget, amerikanischer Provokationscoach

Nun ist das bei den meisten Menschen ja nicht so, dass sie ausschließlich Mist gebaut haben in ihrem Leben. Und wie gesagt – noch nie ging es Menschen im Schnitt so gut hier und heute (allerdings wachsen Armut, Chancenlosigkeit und

Dummheit). Genau genommen hat niemand nur Mist gebaut. Das sollten Sie sich einfach bewusst machen. Sie haben einiges super, vieles bestens und eine Menge prima gemacht, tolle Erlebnisse gehabt, einiges auf die Beine gestellt, Glücksmomente erlebt und einige Menschen schon mal glücklich gemacht. Ja, so ist es – und jetzt reden Sie das nicht klein! (den ganzen Mist, den Sie gebaut haben, vergessen Sie mal für ein paar Minuten! Außerdem war auch der Mist für etwas gut – das sagen jedenfalls Experten)

Falls Sie das gerade nicht so sehen, aussprechen oder empfinden, liegt das an Ihrer aktuellen Interpretation und Sichtweise. Lassen Sie sich helfen. Jeder hat schon etwas geleistet, etwas erreicht und Positives erlebt.

Erste Begegnung mit dem Ankern

Stellen Sie sich kurz ein schönes Erlebnis vor ... na kommen Sie schon. Irgendetwas: im Job, mit dem Partner, der Partnerin, Hobby, Freunde ...

Stellen Sie sich die Situation vor: Was sehen Sie? Was hören Sie? Wie fühlt sich das an? Genau in dieser Reihenfolge. Bleiben Sie eine Weile dort.

Metapher

Warum der Hund nicht trinken konnte

Es war einmal ein Hund.

Er hatte großen Durst. Doch jedes Mal wenn er trinken wollte und dabei sein Spiegelbild im Wasser erblickte, erschrak er vor dem fremden großen Hund, den er sah und wich voller Angst zurück.

Irgendwann aber war sein Durst so groß und unerträglich, dass er seine Furcht überwand und mit einem großen Satz ins Wasser sprang.

Und tatsächlich verschwand da auch der "andere" Hund.

Quelle: Shah, Idries: "Lebe das wirkliche Glück", Herder, 1996

Schreiben Sie auf, was Ihnen zu folgenden Fragen spontan einfällt.

1 Was ist gut in meinem Leben?

1 Wofür bin ich dankbar?

1 Auf was kann ich bauen??

1 Was mache ich gut und gerne?

2 Unterschied Leidenschaft
Kleine, wahre Geschichte am Rande

Eines schönen Samstag morgens sagt die Frau zu Ihrem Holden: „Du, die Fenster müssen dringend gestrichen werden. Der Winter hat sie ganz schön mitgenommen." Er: „Hm ..."

Sie: „Du könntest doch schon mal schauen, was du alles brauchst, zum reinigen, abschmirgeln, Farbe, Pinsel und so. Dann können wir gleich alles im Baumarkt besorgen und du kannst heute Nachmittag loslegen. Das Wetter passt auch."

Er: „Hm, Schatz, diese Woche war wirklich der Horror. Der Chef treibt mich rein. Ich war die ganze Woche echt im Stress. Der Rücken tut mir weh und ich bin echt schlapp und müde. Lass uns das verschieben."

Kurz darauf ruft sein Freund an: „Hi Mann, komm lass uns ne Runde biken gehen. Habe eine tolle neue Strecke entdeckt. Durch den Wald mit wilden Single-Trails. Kommst du oder passt es heute nicht?

Er: „Wieso „nicht passen"? Wie kommst du darauf. Ich schmeiße mich sofort in die Bike-Klamotten und bin in 20 Minuten bei dir. Muss eh etwas gegen den Stress in der Arbeit machen. Wo hast du gesagt, ist dieser neue Single-Trail?"

Den Kommentar der Gattin erspare ich Ihnen an dieser Stelle. Aber Sie merken schon, alles eine Frage der **Leidenschaft**. Worauf freuen Sie sich? Was machen Sie besonders gerne? Womit können Sie sich Stunden beschäftigen? Wobei vergessen Sie die Zeit?

Hm ... was tun Sie mit Leidenschaft? Was lässt Sie vom Sofa aufspringen, wofür „bewegen Sie Ihren Hintern", auch wenn es schwerfällt. Wofür verlassen Sie Ihre Komfortzone, weil Sie es lieben, weil Sie es brauchen? Ihre Leidenschaften entsprechen nicht immer Ihren besten Fähigkeiten und Talenten, aber oft ist das so. Kaum jemand tut leidenschaftlich etwas, was er gar nicht kann – das ist einfach anstrengend (außer einige „Deutschland-sucht-den-Superstar-„Superstars").

> „Durch die Leidenschaften lebt der Mensch, durch die Vernunft existiert er bloß."
> Sébastien Chamfort, französischer Schriftsteller

Tipp:

Sie müssen nicht unbedingt nur das ins Auge fassen, was Sie besonders gut können. Manchmal liegen der Reiz und damit die Motivation darin, ein Ziel zu erreichen, etwas zu tun, was bisher noch nicht zu ihren Fähigkeiten gehörte. Dann lernen Sie eben Neues.

Beispiel:
Eine Rechtsanwältin hatte sich spezialisiert auf – logisch – Rechtsfragen – speziell im Familienrecht, Gesellschaftsrecht, Scheidungsrecht. Da sie grundsätzlich etwas an ihrer beruflichen Situation ändern wollte, raus aus einer Bürogemeinschaft, mit neuen Leuten zusammenarbeiten, entschloss sie sich einiges dazuzulernen. Sie arbeitete sich in Rechtsfragen im medizinischen Bereich ein und lernte Mediziner in Gesellschafts- und Unternehmensfragen kompetent zu beraten. Heute ist sie erfolgreich und zufriedener denn je.

Trotzdem: Besser ist das.

Passen Leidenschaft und Talent, Fähigkeiten für eine Sache, ein Ziel, zusammen, setzt das von alleine Energien frei. Und Energie benötigen Sie, um Ihre Ziele zu erreichen. Das bedeutet nicht, das Ziele finden und erreichen der reine Stress sein müssen. Im Gegenteil. Eine gesunde Portion Gelassenheit, Geduld und Lockerheit, gepaart mit Zuversicht, sind sehr hilfreich. Dazu später noch einige Gedanken mehr – die gelassene Art Ziele zu erreichen.

Was Sie wählen und wie Sie das angehen, passiert in Ihrem Kopf und nirgendwo sonst. Wählen Sie die richtigen Dinge, geht die Post ab. Wählen Sie die falschen, geht kaum etwas oder gar nichts. Im Nachhinein ist man schlauer, die Frage ist nur, hatten Sie viel Spaß beim schlauer werden oder waren Sie „vernünftig" und trauern verpasstem Leben hinterher? (Ich will Sie nicht verleiten, aber der Konjunktiv hilft nicht weiter: Hätte ich doch ...)

2 Wofür lassen Sie alles stehen und liegen?

2 Wen kennen Sie im Zusammenhang mit den Dingen, die Sie lieben?

2 Welche Ihrer Leidenschaften eignen sich zum Geldverdienen?

3 Sich selbst besser kennen lernen

Eine Voraussetzung authentische Ziele zu finden, ist, dass Sie sich selbst gut kennen. Wirklich gut! Wenn das so ist. Prima. Ich persönlich war mir nicht immer 100%ig klar, wer ich im Innersten bin, wie ich ticke, was mir wirklich wichtig ist, was daran liegen kann, dass wir hin und wieder fremdgesteuert sind. Kennen Sie das? Sie tun Dinge, die Ihnen nicht gefallen, bei denen Sie sich nicht wohl fühlen, die nicht zu Ihnen passen – Sie tun sie trotzdem. Mancher hört schon zum 300ten-mal auf zu rauchen. Dabei ist das wirklich richtig dumm. Sie glauben doch nicht im Ernst, dass Ihre Lungen dafür gemacht sind, oder? Kein gutes Zeichen! Aber ein wichtiges Zeichen!!

Baustelle Persönlichkeit

Persönlichkeit besteht aus dem Zusammenspiel von Erbgut und Umwelt. Beides beeinflusst sich beim Bilden und dauerhaften Entwickeln der Persönlichkeit gegenseitig, und zwar ständig. Heute sprechen Wissenschaftler von den „Big Five", den fünf Faktoren, mit denen sich die Persönlichkeit eines Menschen erfassen lässt:

- Offenheit
- Verträglichkeit
- Gewissenhaftigkeit
- Extraversion - z.B. Herzlichkeit, Geselligkeit, Aktivität, Frohsinn
- Neurotizismus z.B. Ängstlichkeit, Reizbarkeit, Verletzlichkeit

Jens Asendorpf ist der deutsche Experte, wenn es um Persönlichkeitsentwicklung geht. Er meint, das ICH sei bis ins hohe Alter veränderbar. Die lange geltende Theorie, dass der Kern der Persönlichkeit angeboren ist und dann stabil bleibt, gilt als überholt. Dass mit rund 30 Schluss sein soll, die Persönlichkeit dann ausgebildet und festgelegt ist, weil sich Gehirnzellen kaum noch nach- und ausbilden würden, ist heute widerlegt.

Diese Entschuldigung haben Sie also nicht mehr, wenn Sie über 30 sind. Dafür haben Sie Chancen. Beispielsweise die Chance an Ihrer Persönlichkeit zu feilen, sich zu ändern, Ihrer Wunsch-Persönlichkeit näher zu kommen. Was Ihnen heute an sich nicht gefällt, können Sie weiter beeinflussen, denn die Nervenzellen des Hirns,

Sitz Ihrer Persönlichkeit, können sich fast ein Leben lang neu organisieren. Asendorpf legt sich da fest. Er sagt, der Durchschnitt der Persönlichkeit stabilisiere sich erst mit 50 Jahren.

„Die Frage lautet nicht mehr: „Wer bin ich?", sondern: „Wer könnte ich werden?". Das Leben ist also eine Baustelle, und jeder kann selbst bestimmen, ob er an seinem Ich beständig weiterarbeitet, gar einen radikalen Umbau wagt, oder es mit den Jahren ein bisschen verkommen lässt." (Siefert/Weber, S.80)

Leben lernen

Langsam erkennen auch Pädagogen, Psychologen und andere, die sich für recht gescheit halten, dass Leben lange gelernt werden kann (Bildungspolitiker brauchen da wohl noch etwas). Und das trägt zur Entwicklung der Persönlichkeit immens bei. Mehr als verkopftes, und teilweise schlicht unbrauchbares Wissen, dass Bildung in die Köpfe der Menschen zu bekommen versucht. Die Psychologin Ursula Staudinger möchte bereits Kindern neue Erkenntnisse aus den Sozial- und Verhaltenswissenschaften nahebringen. Dazu gehört beispielsweise auch die folgende Erkenntnis des Psychologen Paul Baltes, die das Leben leichter machen soll (das sogenannte SOK-Modell: selektive Optimierung mit Kompensation):

„Menschen, die auswählen, optimieren und kompensieren (wegfallende Mittel durch andere ersetzen, der Autor), geht es deutlich besser als solchen, die gleichzeitig auf vielen Hochzeiten tanzen und zwar von Jugend an." (Siefert/Weber, S.96)

Die psychologischen Ebenen

Kommen Sie sich auf die Schliche!

Ein Werkzeug, um sich besser auf die Schliche zu kommen ist die Betrachtung der eigenen Person anhand der „Psychologischen Ebenen". Robert Dilts, amerikanischer Psychologe hat die psychologischen Ebenen für die psychologische Arbeit optimiert.

Gehen Sie die psychologischen Ebenen von unten nach oben durch und beantworten Sie die dazugehörigen Fragen. Das ist die erste Stufe der wirksamen Arbeit an und mit sich selbst. Hier arbeiten Sie bewusst. Achten Sie dabei auf die Wahl Ihrer Worte. Identifizieren Sie sogenannte Schlüsselwörter (entscheiden Sie spontan).

Ebene Umwelt: Wo befinden Sie sich – Zuhause, Arbeit, Freizeit
Ebene Handlung: Was tun Sie? – Zuhause, Arbeit, Freizeit
Ebene Fähigkeiten: Was können Sie besonders giut?
Ebene Werte: Was ist Ihnen wichtig?
Ebene Identität: Wer sind Sie? Wie beschreiben Sie Ihre Persönlichkeit?
Ebene Zugehörigkeit: Wem oder was fühlen Sie sich zugehörig? – Berufsgruppe? Religion? Saat?...

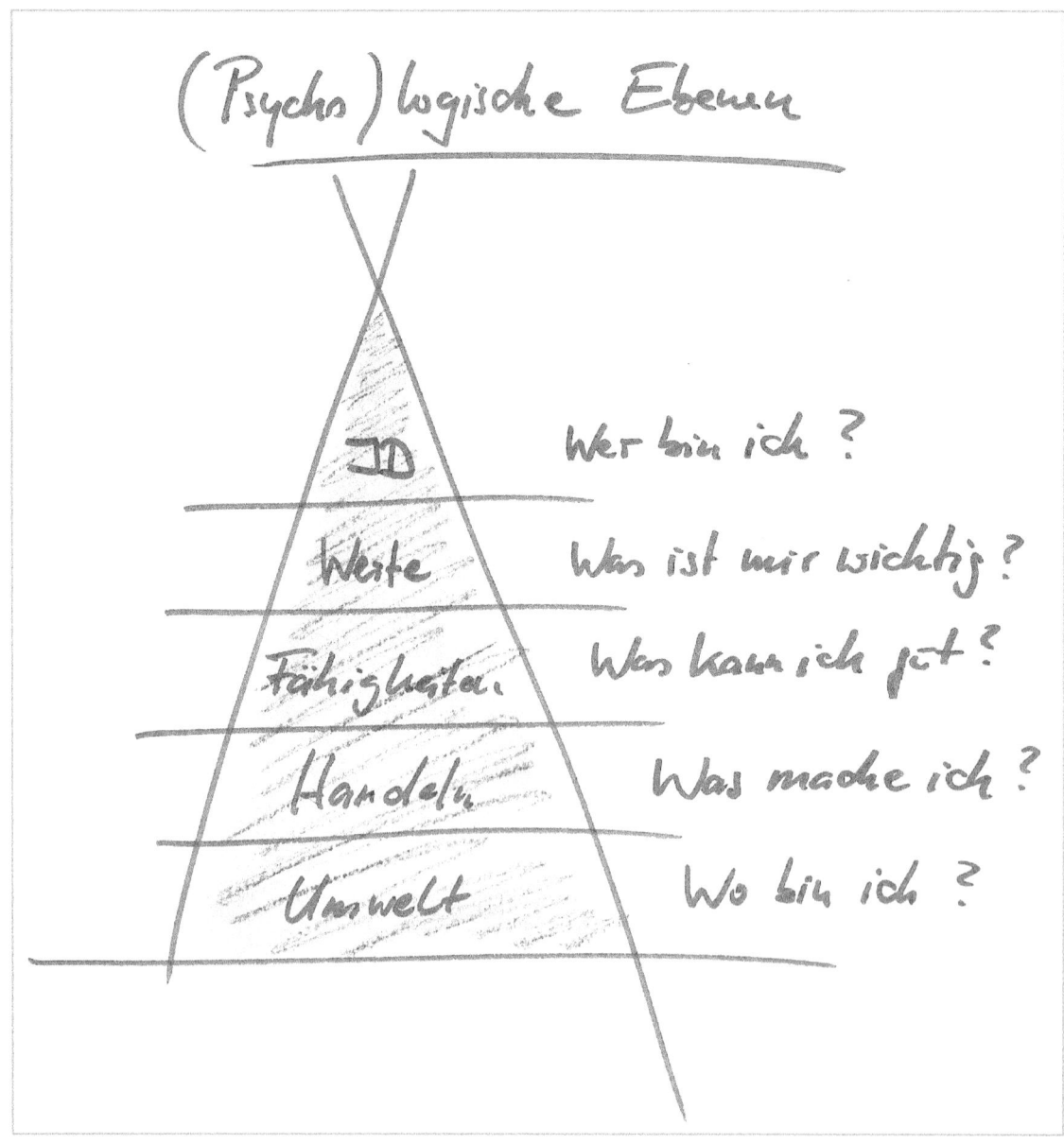

3 Meine Umwelt: Wo befinde ich mich?

3 Handlungsebene: Was mache ich? Beruflich, privat.

3 Fähigkeiten: Was kann ich besonders gut?

3 Werte: Was ist mir wichtig?

3 Identität: Wer bin ich??

3 Zugehörigkeit: Wozu fühle ich mich zugehörig?

4 Ziele Erfolgsfaktoren

Erfolgreich zu sein heißt auch, Ziele zu erreichen – im Sport, im Job, im Privaten, im Leben. Psychologen forschen schon lange nach Faktoren, die es wahrscheinlicher und leichter machen, Ziele auch wirklich zu erreichen und damit erfolgreich zu sein. Dabei ist den Erfolgen gemeinsam, dass Menschen sich darüber freuen. Und zwar offenbar umso mehr, je schwieriger die Erfolge zu erreichen waren und je anstrengender es war, am Ziel anzukommen, so jedenfalls die Ergebnisse von Studien. Gleichzeitig geben wir Ziele manchmal wieder auf, wenn sie unerreichbar erscheinen.

Leidensdruck

Ich habe einen lieben Kollegen in meinem Unternehmernetzwerk BNI (Business Network International), der sich gerne als „der übergewichtige Teil seiner Firma" bezeichnete (geschätzt 130 Kilo). Das hatte etwas von Selbstironie und ließ uns immer wieder schmunzeln. Da er das jedoch fast immer sagte, wenn er etwas über sein Unternehmen mitzuteilen hatte, steckte dahinter auch ein großes „Pfund Unzufriedenheit". Was häufig genannt wird, ist Menschen wichtig. Er hatte da wohl „Leidensdruck" und wollte das ändern. Sein Ziel: 30 Kilogramm abnehmen. Lange Zeit passierte nichts – es erschien ihm vielleicht zu schwierig und war fast unerreichbar.

Eines Tages bekamen wir einen neuen Netzwerkkollegen, der als Heilpraktiker eine Naturheilpraxis führt. Das war einer der „Zufälle", die helfen Ziele anzugehen und zu erreichen – eine Synchronizität. Durch die Beratung des Heilpraktikers und die richtige Methode schaffte „der übergewichtige Anteil" es nicht nur 30 Kilo abzunehmen, sondern das in drei Monaten hinzubekommen und sich dabei auch noch wohl zu fühlen. Ziel erreicht.

Was ist ein „gutes" Ziel?

Laut Expertenaussagen darf ein „gutes Ziel" nicht zu einfach scheinen und gleichzeitig nicht zu schwierig oder „groß". Ist es zu einfach – ich nehm mal 5 Kilo in 6 Monaten ab – ist die Motivation, die vom Ergebnis ausgeht zu gering. Das Ziel verschwindet irgendwie unbemerkt in der Versenkung. Was sind schon 5 Kilo mehr oder weniger. Ist es zu „groß", schreckt es ab und wird gar nicht erst angegangen. Was zu „groß" oder zu einfach scheint, ist subjektiv und damit von Mensch zu Mensch verschieden. Das herauszufinden, hilft die 1-2-3-Methode, die wir in der Ziele Akademie entwickelt haben und die Sie in diesem E-Book kennenlernen.

- Ein gutes Ziel ist motivierend, anstrengend und machbar!

Konkrete Ziele

Schon vor über 40 Jahren haben Psychologen herausgefunden, dass konkrete Ziele eher erreicht werden als abstrakte. Konkrete Ziele sind messbar oder leicht zu überprüfen. Konkrete Ziele helfen uns, unsere Aufmerksamkeit auf das Ziel zu fokussieren und Motivation zu entwickeln.

So hatte mein BNI-Kollege das Ziel jede Woche 2-3 Kilo abzunehmen. Diese Vorgabe war klar und eindeutig und besser als „stelle deine Ernährung um" oder „treibe mehr Sport". Hindernisse auf dem Weg zu „2-3 Kilo abnehmen in einer Woche", wie das Bierchen zusätzlich, die Tafel Schokolade oder das schöne Eis, sind leichter zu bewältigen, wenn das Ziel messbar ist.

Das gilt auch für große Ziele, beispielsweise im Bereich Karriere oder Beziehungen. Wenn Sie als Unternehmer einen Jahresumsatz von 1 Million schaffen wollen, bedeutet das durchschnittlich rund 85.000 Euro im Monat oder grob 20.000 Euro pro Woche oder 50 Aufträge in Höhe von 20.000 Euro. Das erscheint nicht nur erst mal leichter erreichbar als 1 Million, es ist auch Woche für Woche überprüfbar.

Sind Sie auf der Suche nach einer Partnerschaft, einer Paarbeziehung, hilft das Ziel „bis 2012 habe ich meinen Traumpartner gefunden" alleine weniger als wenn Sie sich zusätzlich zum Ziel setzen zweimal wöchentlich Orte aufzusuchen, wo sich Menschen befinden, die Sie interessieren oder einmal im Monat jemanden einzuladen, den Sie spannend finden. Das Gute und Dumme an den wöchentlichen Zwischenzielen ist: Sie müssen ran!

- Gute Ziele sind messbar oder überprüfbar

Die gute Nachricht

Die Psychologen Gary Latham und Edwin A. Locke entwickelten aus ihren Forschungsergebnissen die so genannte Goal-Setting-Theorie, die besagt:

- Erfolg ist beeinflussbar!

Die Frage dahinter – was sind die Faktoren, die die Chancen erhöhen, Ziele zu erreichen. Dazu gibt es heute zahlreiche Erkenntnisse aus vielen Untersuchungen und Studien, die helfen, gute Ziele zu finden und zu erreichen und damit erfolgreich zu sein.

- Engagement und Ausdauer sind für Erfolge unerlässlich

Top Sportler stecken eine Menge Rückschläge ein: Niederlagen, Verletzungen, Formkrisen und Durststrecken. Boris Becker und Steffi Graf, die erfolgreichsten deutschen Tennisasse aller Zeiten sind beeindruckende Beispiele dazu.
„Auch Studien zeigen, dass erfolgreiche Menschen hartnäckiger als andere an einem einmal gefassten Vorhaben festhalten. Rückschläge entmutigen sie nicht, sondern verstärken eher noch das Bemühen. Frei nach der Devise: »Jetzt erst recht!" (Nazlic / Frey: So erreichen Menschen ihre Ziele, in Gehirn und Geist, 3 / 2009)

- Selbstwertgefühl hilft Ziele zu erreichen

Menschen mit hohem Selbstwertgefühl weisen Misserfolge eher ungünstigen Umständen zu und schreiben sich Erfolge auf die eigene Fahne. Empfehlung: Würdigen Sie Ihre eigenen Leistungen und feiern Sie Erfolge

- Selbstwirksamkeit als weiterer wichtiger Erfolgsfaktor

Selbstwirksamkeit ist die Überzeugung, selbst Einfluss auf das Ergebnis nehmen zu können, etwas bewegen zu können.
Sind Sie ein „Ich kann das"-Typ, sind Ihre Ziele eher anspruchsvoll und Sie lassen sich nicht leicht davon abbringen. Barak Obama hat das eindrucksvoll präsentiert, als er ein ganzes Land mit „yes, we can" hypnotisierte. (Lesen Sie seine Biografie!)

- Vorbilder können weiterbringen

Dazu gibt es im Neurolinguistischen Programmieren (NLP) ein nützliches Werkzeug, Modeling genannt, das es Ihnen ermöglicht Vorbilder für sich psychologisch sinnvoll zu nutzen.

Modeling

Die Begründer des NLP, Richard Bandler und John Grinder, entwickelten mit „Modelling" einen Prozess, mit dem es möglich ist, die besten Experten schnell und einfach zu kopieren und so schnell zu lernen. Diesen Vorgang heißt Modelling of Excellence. Dabei geht es darum Spitzenleistungen und die Art wie sie möglich werden ausfindig zu machen und sie für sich selbst oder für andere zu nutzen.

- Holen Sie sich Helfer

Alles können Sie nicht alleine schaffen, Sie wissen nicht alles, was für das Erreichen eines Zieles wichtig ist. Holen Sie sich Unterstützung, wo sie sich anbietet oder Sie sie benötigen.

Auch hier bietet sich ein NLP-Werkzeug an, bei dem Sie sich Ihre Helfer jederzeit, immer dann, wann Sie sie brauchen „holen" können:

Erfolgsfaktoren im Überblick

- Intelligenz und Begabung spielen für den Erfolg in verschiedenen Lebensbereichen zwar eine große, aber nicht immer die ausschlaggebende Rolle. Hartnäckig die eigenen Ziele zu verfolgen, erhöht die Erfolgschancen noch mehr

- Dies setzt allerdings voraus, dass das Ziel richtig gewählt ist – also weder aussichtslos noch trivial erscheint.

- Den persönlichen Erfolgsfaktor kann man zu einem gewissen Grad steigern, indem man Selbstvertrauen, Durchhaltewillen und Optimismus stärkt

Quelle: Zitiert nach Nazlic / Frey: So erreichen Menschen ihre Ziele,
in Gehirn und Geist, 3 / 2009

4 Erfolgsfaktor 1: Wobei haben Sie engagiert und ausdauernd gearbeitet?

4 Erfolgsfaktor 2: IHRE Erfolge (Arbeit, Verein, Freunde,...)

4 Erfolgsfaktor 3: „Yes, you can!"? Was haben Sie schon bewegt?

4 Erfolgsfaktor 4: Notieren Sie potenzielle Vorbilder?

4 Erfolgsfaktor 5: Machen eine Liste möglicher Helfer (für alle Lebenslagen)?

5 Lebensbereiche und Lebensrollen

Sie bewegen sich in einem „Haus mit vielen Zimmern" – Ihren Lebensbereichen oder Rollen. Manche haben Sie mit vielen gemeinsam, andere sind speziell. Sie sind beispielsweise Berufstätiger, Mitarbeiter, vielleicht Chef, Lebenspartner, eventuell Vater, auf jeden Fall Kind und vieles mehr.

> „Wir sind das, was wir wiederholt tun."
> Aristoteles

Der Weg zu Ihren Zielen beginnt heute und ist Arbeit an Ihrem Morgen, Ihrer Zukunft. Betrachten Sie Ihr aktuelles Leben genauer. Was sind die Lebensbereiche, in denen Sie besonders aktiv oder gefordert sind? In welchen Bereichen stagniert es, sind Sie unzufrieden, möchten Sie etwas ändern? Fehlen Ihnen bestimmte Lebensbereiche völlig, möchten Sie in einzelnen Lebensbereichen endlich ankommen (z.B. Partnerschaft) oder Sie umgestalten. In der „simplify-Bewegung" spricht man von Lebenshüten und empfiehlt: „weniger ist mehr":

„Versuchen Sie die Lebenshüte auf maximal 8 zu reduzieren. Gehen Sie die Rollen gefühlsmäßig durch und fragen Sie sich, was passieren würde, wenn Sie auf die eine oder andere Lebensrolle ganz verzichten würden. Dazu müssen Sie sich natürlich die Frage stellen: **Was will ich und was will ich nicht!** (...)
Natürlich gibt es Lebenshüte die Sie auf gar keinen Fall ablegen können. Wenn Sie z.B. Kinder haben, sind Sie automatisch in der Elternrolle. Denken Sie also an die vielen kleinen Nebenrollen in Ihrem Leben. Oftmals versucht man bei Zeitproblemen direkt einen Gang höher zu schalten um alle Rollen zu bewältigen. Das geht aber zu Lasten Ihrer persönlichen Lebensqualität. **Also... maximal 8 Lebensrollen!**"

Quelle: http://www.simplify.de / simplifytipps/stoeberninthemen/ kategorie/mentaltraining/ kennen-sie-ihre-lebensrollen-oder-lebenshuete

Was treiben / treibt Sie so?

Ich will's verkürzen und Klischees bedienen. Frauen sind eher in privaten Bereichen oder „soften Themen", wie Familie, Kinder/Mutter, Freundeskreis und in spirituellen Themen daheim. Männer eher in beruflichen, leistungsorientierten, „harten Themen". Sollten Sie sich einem dieser Geschlechter eindeutig zuordnen, haben sie bereits einen sehr groben, roten Faden. Männer Achtung: Die „weichen" Motive und Fähigkeiten und die „weiblichen Faktoren" werden nach Expertenaussagen in Zukunft eine immer wichtigere Rolle spielen.

Wichtig für Ihre Entscheidungs- und Handlungsmuster sind IHRE Leitmotive. Sie sind Ihr innerer Treibstoff. Zehn **Motive** „treiben" Menschen, einige mehr, einige weniger (andere Modelle verwenden bis zu 16 Motive, z.B.: Reiss-Modell):

Leistung
Wettbewerb Macht
Uneigennützigkeit
Unabhängigkeit Gestaltung
Neugier Selbstwirksamkeit
Geselligkeit
Status

Mit dem Persönlichkeitstest in der Zeitschrift Geo Wissen, 43/2009, finden Sie heraus, welche dieser Motive Sie im Besonderen bestimmen. Dazu finden Sie genaue Erklärungen, was unter den Motiven zu verstehen ist.

Geo Wissen, Wer bin ich, Heft 43/2009

Lebensbereiche und Teilbereiche

In welchen Lebensbereichen sind Sie aktiv, sehr engagiert oder weniger bzw. gar nicht zuhause? Gibt es weitere Lebensbereiche oder Unterbereiche, die besonders auf Sie zutreffen? Ihre wichtigen Lebensbereiche bestimmen auch Ihre primären Rollen. Und diese Rollen wirken sich auf Ihre Persönlichkeit aus und umgekehrt. Manche Rollen liegen Ihnen, andere vielleicht nicht so gut oder gar nicht.

GMV sagt in diesem Fall, hören, sehen und spüren Sie konzentriert hin, dann erkennen Sie die passenden Rollen für sich. Ein erster Schritt zu mehr Selbsterkenntnis.

- Arbeit, Beruf
- Familie, Partnerschaft
- Persönliches und Privates
- Persönliche Weiterentwicklung
- Freunde, soziale Kontakte
- Hobby, Freizeit, Entspannung
- Finanzen, Materielles
- Religion, Spiritualität
- Intellektuelles, Bildung

In unseren Rollen sind wir alle wir selbst und doch auch fremd bestimmt, denn Rollen haben nun einmal zunehmend die Eigenschaft, von außen, von der Gesellschaft, den Medien im Idealzustand festgelegt zu werden. Der ideale „Filmpapi, die Filmmutti, der Filmboss, das Filmkind, Filmkumpel" sind unsere Maßstäbe. Wollen wir dem gerecht werden, werden wir immer mehr „sie", immer weniger „Ich". Dann geht es uns wie manchen Schauspieler selbst.

> „Mit jeder Rolle, die du spielst, gibst du ein Stück von dir selbst auf.
> Ansonsten würdest du lügen."
> Johnny Depp, Schauspieler

„Die Formel könnte lauten: Wir müssen überall Rollen spielen, um überhaupt eine Rolle spielen zu können. Wir tauschen unsere eigene, unsere individuelle, unsere im unmittelbaren Austausch mit anderen Menschen entwickelte Identität gegen eine fremde, gegen eine normierte, gegen eine von außen und oben aufgenötigte Identität ein." (Holdger Platta: Wer bin ich denn? In: Psychologie Heute 06/2002, Seite 50 ff.)

Welche Rollen „spielen" Sie? Welche gut? Welche weniger gut? Notieren Sie zu Ihren Kernrollen Ihre Bilder und Gefühle (wie geht es Ihnen in dieser Rolle? Hier helfen wieder die psychologischen Ebenen)

- Familie: Mutter, Vater, Sohn, Tochter, ältestes Kind, jüngstes Kind, etc.
- Beruf: Vorgesetzter, Mitarbeiter, Führungskraft, Teammitglied, Chef etc.
- Freizeit & Hobby: Kegelbruder, Segler, Skatspieler, Golfer, Sportler, Maler, Musiker etc.
- Soziale Gemeinschaft: Bürger, Ratsmitglied, Elternschaft, Vereinsmitglied
- Zugehörigkeit: Weltbürger, Europäer, Deutscher, Bayer, Franke, etc.
- Religion /Spiritualität: Christ, Moslem, Katholik, Atheist etc.
- Persönlichkeit: Ich, Charakter, Motive, Entscheidungen, Lebensweg
- Politik: Konservativer, Sozialist, Sozialdemokrat, Grüner etc.
- Beziehungen: Partner, Freunde, Nachbar, Vater, Sohn, Kollege etc.
- usw.

Werden Sie sich über Ihre Rollen in IHREN Lebensbereichen klar. Spüren Sie in diese Lebensbereiche und Rollen hinein. Werden Sie sich Ihrer Gefühle und Bilder darin bewusst. Sind Sie „Sie" oder jemand anderer?

Offen, ehrlich, schonungslos – sonst bringt Ihnen das nichts. Denn Ihre Gefühle sind ein Medium, um Ihre Wünsche und Gedanken (Ziele sind Gedanken an Morgen) Wirklichkeit werden zu lassen. Sie sind der Katalysator für die richtigen Ziele, den richtigen Weg, den richtigen Zeitpunkt.

5 Meine Lebensbereiche & Rollen BERUFLICH

5 Meine Lebensbereiche & Rollen PRIVAT

6 IHRE Ziele finden

Im nächsten Schritt suchen Sie konkret IHRE Ziele. Und zwar Ziele, die zu Ihnen passen. Genauer gesagt, es geht um die Ziele, die zu Ihren Werten passen. Psychologen und Experten wissen heute, dass Ziele, die mit eigenen Werten, also den Haltungen, Meinungen und Einstellungen, die Ihnen besonders wichtig sind, kollidieren, kaum Chance haben, jemals erreicht zu werden. Der Blick auf Ihre Lebensbereiche und Rollen, der Blick auf IHRE Geschichte bringt Sie enorm weiter. Vielleicht entdecken Sie schon hier IHREN roten Faden, das Muster IHRES Lebens. Das wird es immens erleichtern, bestehende Ziele zu bewerten und zu modifizieren und/oder neue, passende Ziele finden und die Wege dorthin erfolgversprechend zu definieren..

> „Der Langsamste, der sein Ziel nicht aus den Augen verliert, geht noch immer geschwinder, als jener, der ohne Ziel umher irrt."
>
> Gotthold Ephraim Lessing, 1729 bis 1781, Dichter

Machen!

Investieren Sie eine halbe Stunde in sich selbst. Wenn es eine Stunde oder mehr dauert – so what! Es geht um Sie. Und wer ist Ihnen wichtiger als Sie selbst? (seien wir ehrlich). Der gesunde Menschenverstand (GMV) sagt: Die Menschen sind Egoisten. Warum auch nicht. Menschen verbringen sooo viel Zeit mit unnützen Dingen, wie Fernsehen schauen, herum hängen oder Computerspiele spielen. Machen Sie einmal etwas besonders Sinnvolles: Denken Sie schriftlich über IHRE Ziele nach.

> „Eine Besonderheit von erfolgreichen Menschen ist, dass sie stark handlungsorientiert sind." Brian Tracy, amerikanischer Erfolgscoach
>
> „Wer immer das tut, was er immer getan hat, bekommt das, was er immer bekommen hat." Sprichwort

Beantworten Sie folgende Fragen offen, ehrlich, schonungslos:

Was sind meine wichtigen Lebensbereiche?

Hilfe: In welchen Lebensbereichen verbringen Sie wie viel Zeit?

Welche Lebensbereiche sind mir besonders wichtig?

Hilfe: Sinnfrage. Was bringt das, was ich da tue? Mir, anderen?

In welchen Lebensbereichen erreiche ich meine Ziele und bin zufrieden?

Hilfe: Beschreiben Sie Ihre Gefühle

In welchen Lebensbereichen erreiche ich meine Ziele nicht, bin unzufrieden?

Hilfe: Beschreiben Sie Ihre Gefühle

In welchem Lebensbereich verändert sich gerade etwas?

Hilfe: Ich fühle mich da anders, sehe das anders als vorher, Änderungsanzeichen

Welchen Lebensbereich habe ich im Griff?

Hilfe: Ich bestimme, wo es lang geht. Ich agiere.

Welcher Lebensbereich hat mich im Griff?

Hilfe: Ich reagiere. Ich tue, was andere sagen. Ich fühle mich nicht wohl. Ich ärgere mich oft.

Exkurs: Ehrlichkeit mit sich selbst:

Experten wissen heute viel über die Entstehung des „Ich" und sie wissen, dass wir uns ständig selbst neu erfinden. Unser Gehirn und unsere Psyche sind so ausgerichtet. Dazu kommt, dass wir uns unser eigenes Leben, unsere Persönlichkeit und unsere Geschichte „schönreden". Vielleicht wäre das sonst nur schwer auszuhalten – wer weiß – Wie ist das bei Ihnen?

Besonders erstaunlich ist, dass wir uns ständig selbst etwas vormachen. Wir machen uns besser als wir sind, schreiben uns Erfolge zu, an denen wir lediglich beteiligt waren. Wir sind die besten Autofahrer der Welt und alle anderen sind „Idioten". GMV fragt: Das denken Sie doch nicht wirklich, oder?

6 Was sind meine wichtigen Lebensbereiche?
Hilfe: In welchen Lebensbereichen verbringen Sie wie viel Zeit?

___

Welche Lebensbereiche sind mir besonders wichtig?
Hilfe: Sinnfrage. Was bringt das, was ich da tue? Mir, anderen?

___

6 In welchen Lebensbereichen erreiche ich meine Ziele und bin zufrieden? Hilfe: Beschreiben Sie Ihre Gefühle

___

In welchen Lebensbereichen erreiche ich meine Ziele nicht und bin unzufrieden? Hilfe: Beschreiben Sie Ihre Gefühle

___

6 In welchem Lebensbereich verändert sich gerade etwas? Hilfe: Ich fühle mich da anders, sehe das anders als vorher, Änderungsanzeichen

_____
_____
_____
_____
_____
_____
_____

Welchen Lebensbereich habe ich im Griff?
Hilfe: Ich bestimme, wo es lang geht. Ich agiere.

_____
_____
_____
_____
_____
_____

6 Welcher Lebensbereich hat mich im Griff? Hilfe: Ich reagiere. Ich tue, was andere sagen. Ich fühle mich nicht wohl. Ich ärgere mich.

7 Zeitreise – IHR Leben da hinten

Trauen Sie sich. Schauen Sie sich einmal Ihr bisheriges Leben an. So als würden Sie eine Zeitreise machen und alles von oben, von außen betrachten – wie einen Film. Der Film IHRES bisherigen Lebens. Sollten Sie erwarten nur Schrott zu sehen, kann ich Sie beruhigen. In jedem Leben gibt es Spannendes, Interessantes, Gefühlvolles, Erfolge, Freude. Sollten Sie erwarten eine einzige Erfolgsstory zu sehen – hm, nun ja, ... schauen Sie mal.

> Es ist nicht zu wenig Zeit, die wir haben, sondern es ist zu viel Zeit, die wir nicht nutzen. Lucius Seneca römischer Philosoph, Dramatiker, Staatsmann

Was war / ist positiv?

- Sachen oder Menschen, die Sie lieben
- Erfolge, Dinge, die sie geschafft haben
- Alles, was Ihnen wichtig ist
- Worüber freuen Sie sich?
- Was tun Sie gerne?
- In welchen Tätigkeiten gehen Sie auf?

Was war – na ja?

- Dinge, die Sie nicht gerne tun, aber trotzdem tun müssen
- Sachen, über die Sie sich immer wieder ärgern
- Dinge, mit denen Sie nicht klar kommen
- Schmerzvolle Dinge, unter denen Sie leiden
- Alles, was Ihnen negativen Stress bereitet
- Das, was Sie traurig oder wütend macht
- Personen, mit denen Sie immer wieder aneinander geraten

7 Was war / ist positiv?

7 Was war / ist ... naja?

Wie verteilt sich das auf Ihrer Lebenslinie?

Machen!

Zeichnen Sie IHRE Lebenslinie. Beginnen Sie im Jahr Ihrer Geburt. Lassen genügend Platz, um die wichtigen, positiven und „na ja – Ereignisse" in Ihre Lebenslinie einzutragen, auch negative Ereignisse sind wichtig. Aber nicht sooo wichtig wie die positiven.

Heute ... _____ 2008 _____ 2007 _____ 2006 _____ ... _____ 1960 _____ 1959 _____ 1958 _____ 1957 _____ ...

Notieren Sie zuerst Einzel-Ereignisse, wie Schulbeginn, Abitur, Studium / Lehre, Partner kennen gelernt, Hochzeit, Scheidung, Kind geboren, Job x angefangen, Krankenhaus, Urlaub ...

> **Tipp:**
>
> Legen Sie Ihre Lebenslinie großzügig auf einem A3-Blatt quer an. Zeichen Sie die Lebenslinie und notieren Sie die „Meilensteine" Ihres Lebens (Geburt, Kindergartenanfang, Schulanfang, Meilensteinerlebnisse Kindheit, ... Schulabschluss, Partner kennen gelernt, etc..

Wenn Sie das erledigt haben (lassen Sie sich überraschen, was Sie alles hinter sich haben), fassen Sie größere Zeiträume zusammen, wie beispielsweise die Kindheit, die Schulzeit, die Lehrzeit, die Studienzeit, die Ehezeit etc. Notieren Sie, was diese Zeit-Lebens-Räume charakterisiert. Was tun Sie da hauptsächlich? Schule und Party, Arbeit und Hamsterrad, Lernen und Spaß, Sport und Musik, Freunde ... Wie geht es Ihnen dabei?

Machen Sie das zu IHREM gesamten bisherigen Leben und lassen Sie sich überraschen, was dabei herauskommt. Wenn Sie Bilder aus den verschiedenen Abschnitten haben, kleben Sie sie dazu, nutzen Sie Briefe, Songs, Orte, Reisen, Gegenstände passend zu dem jeweiligen Lebensabschnitt.

Wenn Sie beispielsweise Ihre Schulzeit bearbeiten, könnten Sie die passenden Lieder dazu hören, Bilder von sich aus dieser Zeit hervorkramen. Sie werden auf Erlebnisse, Menschen, Ereignisse kommen, die Sie meinen, vergessen zu haben. Aber ... Ihr Unterbewusstsein vergisst nichts! Alles da. Beginnen Sie eine phantastische Reise zu sich selbst.

Ganz einfach. Erinnern Sie sich.

Sprechen Sie alle Sinne an und Sie werden ein volles, reiches Lebens entdecken – nämlich IHRES. Sie erkennen „gute und weniger gute Phasen", erreichte und verpasste Ziele. Gut so. Das ist die Basis IHRES Morgens, IHRER Ziele. Ganz nah an Ihnen dran.

Kopieren Sie diese Basis-Lebenslinie für jeden Ihrer wichtigen Lebensbereiche (Partnerschaft, Beruf, ...). So können Sie sich IHRE Lebenslinie für jeden Bereich einmal gesondert vorknöpfen. Wenn Sie Lust dazu haben.

Kann sein, Sie entdecken in der Kindheit bereits Ereignisse, die sie zu Ihrem Partner geführt, zu Ihrem Beruf geleitet haben oder Ihre Leidenschaft im Hobby X vorausahnen ließen. Sie lernen sich besser verstehen, erkennen Zusammenhänge und schaffen

Mehr Klarheit für IHRE Ziele-Arbeit für Morgen.

> „Mehr als die Vergangenheit interessiert mich die Zukunft, denn in ihr gedenke ich zu leben." Albert Einstein

8 Die Phantasiereise

Regen Sie ihr Unterbewusstsein an – es wird ihr stärkster Helfer!

Die Phantasiereise lehnt sich an eine Übung an die „Der ideale Tag" heißt und von der amerikanischen Erfolgsautorin Barbara Sher stammt. Stellen Sie sich einen perfekten Tag vor. Sie haben IHRE Ziele erreicht. Schauen Sie hin, hören Sie hin, spüren Sie hin: Was sehen Sie? Was hören Sie? Wie fühlen Sie sich in IHREM perfekten Leben?

Sie können die Übung auch ausdehnen auf eine Woche, einen Monat ein Jahr. Folgen Sie Ihren Gefühlen und spontanen Gedanken.

Weg mit den Zwängen und Hindernissen. Sie sind an Ihrem Ziel.

> „Phantasie ist wichtiger als Wissen. Wissen ist begrenzt, Phantasie aber umfasst die ganze Welt." Albert Einstein
>
> „Wer immer das tut, was er immer getan hat, bekommt das, was er immer bekommen hat." Sprichwort

Beschreiben Sie Ihre Phantasiereise

So, jetzt gehen Sie einmal über die Grenzen und Beschränkungen, die Sie sich selbst auferlegen (Ich kann kein Millionär werden. Ich muss diesen Job machen, auch wenn er mich anödet. Schließlich brauche das Geld. Ich muss dies, ich kann nicht dass, **blablabla** – diese inneren Kritiker und Hemmer die stärksten und häufigsten Bremser auf dem Weg zu Zielen).

Gut, dass IHR Gehirn (ja auch IHRES) in der Lage ist, diese Grenzen zu überschreiten. Sie müssen es ihm nur erlauben. Dem Gehirn ist es nämlich „wurscht", was es denkt. Es liebt es einfach, zu denken. Also los!

Nutzen Sie IHRE Wünsche und Träume, nutzen Sie auch besonders unrealistischen Wünsche und Träume (aus Ihrer jetzigen Sicht). Vertrauen Sie auf die Erkenntnis „hüte dich vor deinen Wünschen, sie könnten wahr werden."

Stellen Sie sich vor, Sie haben alles erreicht, was Sie sich wünschen und erträumen. Sie tun, was Sie möchten, Sie leben dort, wo Sie sein wollen, Sie sind der oder die, der oder die Sie sein wollen. Äußerlich, innerlich, gesundheitlich, intellektuell, partnerschaftlich, beruflich, spirituell. Wissen, Erfahrung, Ausstrahlung. Vielleicht gibt es ja einen Menschen oder mehrere, die Sie bewundern, vielleicht auch nur aus einem Teilbereich (Aussehen, Ausstrahlung, Typ, Auftreten, Job, etc.). Basteln Sie sich aus den Wunschteilen IHR Wunschleben einfach selbst zusammen – Ihre Phantasie schafft das locker. Dann spüren Sie mal hin, ob Sie sich dabei wohl fühlen, ob Sie es noch sind und ob das so machbar ist. Wissenschaftlich betrachtet klingt das so:

„Die erwünschte Zukunft wird vor dem geistigen Auge spielend erreicht und genießerisch ausgekostet. (...) Zielsetzungen, die Phantasie zu realisieren, reflektieren folglich nicht die eingeschätzten Erfolgswahrscheinlichkeiten, sondern ausschließlich den impliziten pull-Effekt (frei: Zug-, Sog-Effekt) der in der Phantasie abgebildeten positiven Ereignisses." (Oettingen / Gollwitzer: Theorien der modernen Zielpsychologie, Huber 2002, S.58)

> „Unsere Wünsche sind die Vorboten der Fähigkeiten, die in uns liegen."
> Johann Wolfgang von Goethe

Erfinden Sie Details für Ihren perfekten Tag

Je konkreter, desto besser. Wo leben Sie? Wie leben Sie – feudal, modern, unterwegs, sesshaft? Was tun Sie von morgens bis abends? Nachts? Mit wem umgeben Sie sich? Was ist Ihr Job? Was sind Ihre Hobbies? Was können Sie besonders gut, von dem was Sie an diesem Tag machen? Wer sind Ihre Freunde? Wie sind Sie? Warum sind das Ihre Freunde? Etc.

Beschreiben Sie ihren Besitz

Was besitzen Sie alles? Was davon ist wichtig? Für Sie? Für andere? Was tun Sie mit Ihrem Besitz, Vermögen? Wenn Sie keinen großen Besitz haben, warum nicht?

Beschreiben Sie ihre Umwelt

In welchem Land leben Sie? Wie sehen Sie? Pflanzenwelt, Tiere, Sind Sie am Meer? In den Bergen? In einer Großstadt? Auf dem Land? Zurückgezogen? Mittendrin? Wen haben Sie um sich? Tiere? Einen Partner? Kinder? Freunde? Sind Sie unterwegs? Forscher? Zurückgezogen? Schriftsteller? Künstler? Etc.

Kernfragen:

Was brauchen Sie, um sich wohl zu fühlen. Was macht Sie zufrieden. Was ermöglicht Ihnen, anderen geben zu können? Was schafft Gelassenheit, Freundlichkeit, Lebensfreude. Was versetzt Sie in die Lage, Lebensqualität genießen zu können?

Was brauchen Sie, das Ihnen auch heute wichtig ist? Was sollte vorhanden sein, damit Sie genießen können? Was benötigen Sie, um zufrieden zu sein, lachen zu können, sich wohl zu fühlen? Nehmen Sie es mit!!

Egal, was für Sie persönlich zu Ihrem perfekten Tag gehört: Schreiben Sie es auf oder vielleicht sprechen Sie es auf Band. Sie können es auch malen.

> Tipp:
>
> Denken Sie daran, auch die Dinge in Ihrem perfekten Tag zu beschreiben, die Sie schon heute haben und die Sie auch in Ihrem perfekten Tag behalten wollen. So könnte es z.B. zu Ihrem perfekten Tag gehören, etwas mit Ihrem jetzigen Partner oder Ihrem Kind zu unternehmen. Dann tun Sie es.

8 Meine Phantasiereise:

9 Die Motive Ihres Unterbewusstseins

Der deutsche Psychologe Oliver Schultheiss, der an Universität Erlangen-Nürnberg und der University of Michigan, einem Mekka der Psychologie, arbeitet, hat das sogenannte **Picture Story Exercise** weiterentwickelt. Damit ist es möglich die meist verborgenen Bedürfnisse unseres Unbewussten aufzustöbern und kennenzulernen. Es basiert auf einem Verfahren, das man den Thematischen Apperzeptionstest nennt. Dabei erzählen Probanden Geschichten zu einer Reihe von Standardbildern. Diese erzählten und aufgezeichneten Geschichten werden dann nach der Stärke des Gesellungs-, Leistungs- und Machtbedürfnis überprüft und so die unbewussten Motive und Werte ermittelt. Sie werden bereits ab einem Alter von sechs Wochen angelegt.

„Sie (die unbewussten Motive, der Autor) beeinflussen unser Handeln und die Zielsetzung ein Leben lang. Im frühkindlichen Alter werden die impliziten Motive gebildet, die sich aus Reaktionen und Verhaltensweisen des Babies heraus ableiten, welche bereits in diesem Alter mitbekommen, welche Reaktionen der Umwelt auf welche Aktion folgt und wohin diese führt. Damit positive Reaktionen weiterhin bestehen bleiben, wendet das Baby die entsprechenden Handlungen an." [1]

Da Ihre unbewussten Motive recht wichtig für die Zielearbeit und das Wissen um sie einfach spannend ist, können Sie mit der folgenden Aufgabe Ihre unbewussten Motive ergründen. Dabei nutzen wir nun bestimmte Bilder, zu denen Sie jeweils eine kleine Geschichte aufschreiben (schreiben ist dabei wichtig!). Formulieren Sie dabei in höchstens 5 Minuten eine echte Geschichte mit ganzen Sätzen, mit Anfang und Ende. Wer sind die Personen auf dem Bild, was tun sie, was denken sie, wie fühlen sie. Beschreiben Sie, wie es zu der Situation auf dem Bild gekommen ist und wie das Ganze endet. Nehmen Sie einen Block oder Ihr Zielebuch und legen Sie los.

9 Schreiben Sie eine spontane Geschichte zu Bild 1: Maximal 5 Minuten Zeit. Schreiben Sie die Geschichte in Ihr Zielebuch und orientieren Sie sich an folgenden Fragen.

Was passierte hier?
Wie kam es zur Situation?
Was tun, denken, fühlen die Personen?
Wie endet die Geschichte?

9 Schreiben Sie eine spontane Geschichte zu Bild 2: Maximal 5 Minuten Zeit. Schreiben Sie die Geschichte on Ihr Zielebuch und orientieren Sie sich an folgenden Fragen.

Was passierte hier?
Wie kam es zur Situation?
Was tun, denken, fühlen die Personen?
Wie endet die Geschichte?

9 Schreiben Sie eine spontane Geschichte zu Bild 3: Maximal 5 Minuten Zeit. Schreiben Sie die Geschichte on Ihr Zielebuch und orientieren Sie sich an folgenden Fragen.

Was passierte hier?
Wie kam es zur Situation?
Was tun, denken, fühlen die Personen?
Wie endet die Geschichte?

„Der Picture Story Exercise [...] ist eines der derzeit besten psychologischen Instrumente, um die Bedürfnisse, die wir unbewusst haben, an die Oberfläche des Bewussten zu bringen. [2]

Unser Unbewusstes zeigt sich in Vorlieben, Bedürfnissen und Wünschen. Vor allem jene, die uns nicht wirklich bewusst sind, uns aber auch zu dem machen, der wir sind. Diese Bedürfnisse lassen sich auf drei Grundbedürfnisse reduzieren:

Bindung, Leistung, Macht.

Wenn Sie nun herausfinden möchten, ob Sie, oder besser Ihr Unterbewusstsein, primär einen Bindungs-, Leistungs- oder Macht-Typ aus Ihnen macht, analysieren Sie Ihre Geschichten wie folgt:

Nehmen Sie drei unterschiedlich farbige Textmarker. Jede Farbe steht für einen Typus: Bindung, Leistung, Macht

Mit dem ersten Stift markieren Sie alle Worte / Sätze Ihrer Geschichte, die mit Leistung zu tun haben

z.B.: gut, besser, effektiv, stark, effizient, schnell, der Beste etc.

Beachten Sie dabei auch die Zusammenhänge. Diese sind wichtig bei der Beurteilung, ob etwas als Leistungsbedürfnis gilt oder nicht. Ein Begriff wie „am Boden zerstört" ist dann dem Leistungsbedürfnis zuordenbar, wenn es im Zusammenhang mit einer nicht geschafften Leistung steht.

Darum geht es beim Leistungsmotiv: „Man setzt sich ein Ziel, tut alles dafür dieses Ziel zu erreichen, freut sich, wenn man es erreicht hat, und ärgert sich über alles, was einem auf dem Weg zum Ziel in die Quere kommt. [3]

Mit dem zweiten Stift markieren Sie die Worte und Sätze, die das Thema Bindung / Intimität betreffen

Hier steht der enge, herzliche Kontakt zu anderem Menschen im Fokus.
z.B.: Freundschaft, Vertrauen, Liebe, Sehnsucht, verlassen, binden, ...

Menschen, die ein hohes Bindungsbedürfnis haben, fühlen sich in Zweierbeziehungen und kleinen Gruppen wohl. Sie brauchen und genießen zwischenmenschlichen Kontakt. Sie nehmen gerne Augenkontakt mit Personen auf, die ihnen sympathisch sind. Sie fühlen sich unwohl, wenn sie persönlich abgelehnt werden.

Mit der dritten Farbe markieren Sie alles, was auf das Thema Macht hinweist.

Hier geht es darum Wirkung auf andere Personen auszuüben. Wobei Macht nicht zwingend als negativ betrachten werden muss: Ratgeber, Mentoren, Komiker – alle diese „Kategorien" üben Macht aus. Sie haben eine positive Wirkung auf andere Menschen. Macht hat unter anderem mit Status und Image zu tun.

z.B.: stark, überzeugend, stark, vorgeben, anweisen, befehlen, ...

Mit diesem kurzen Test aus dem Bereich des Picture Story Exercise, der hier nur angerissen werden kann, bekommen Sie eine Tendenz aufgezeigt, wie Sie „im Unbewussten ticken" und ob Sie eher leistungs-, bindungs- oder machtorientiert sind. „Die Geschichten, die wir erzählen, verraten uns so etwas über unsere Persönlichkeit [...].[4]

Quellen:

[1] http://www.portal-der-psyche.de/gesunde-psyche/reiss-profile/motive-ursprung-motivation/motive-ursprung-motivation-implizit.html
[2] Bas Kast: Wie der Bauch dem Kopf beim Denken hilft, S.98
[3] Bas Kast: Wie der Bauch dem Kopf beim Denken hilft, S.99
[4] Bas Kast: Wie der Bauch dem Kopf beim Denken, S.104

10 Erkennen Sie Ihre Werte

Kennen Sie Ihre Kernwerte? Die Werte, die Ihr Leben bestimmen, nach denen Sie sich quasi automatisch ausrichten, Ihr persönliches Navigationssystem für Ihre Lebensplanung, Ihren Umgang, Ihr Verhalten, Ihre Entscheidungsstrategien?

Werte bekommen Sie mit auf den Weg. Als Kind lernen Sie von den Eltern, als Jugendlicher von Vorbildern und Antivorbildern. Werte werden Manipuliert, durch Politik, Medien, Gesellschaft. Durch Sie selbst. Und sie sind wichtig.

„Klar, mein höchster Wert ist Integrität. Dazu gehört Ehrlichkeit ..." Stopp! Und Vorsicht. Der Mensch lügt durchschnittlich 200 x am Tag – erwiesen. Schon Dreijährige beherrschen das. Einfach abgeschaut. Lernen am Modell. So entsteht auch ein Großteil unserer Werte. Abgeschaut. Abgehört. Abgefühlt.

Aus IHREN Werten und Motiven können Sie IHRE Ziele herleiten. An Ihren Werten sollten Sie Ihre Ziele messen. Denn nur Ziele, die zu Ihren echten Werten passen, haben eine Chance erreicht zu werden, tatsächlich erreicht zu werden. Das ist erwiesen und hat viel mit GMV (gesundem Menschenverstand) zu tun.

Wenn Sie Freiheit und Selbstbestimmung lieben, sollten Sie kein Soldat werden, kein Profifußballer, auch fünf Kinder wären da nicht wirklich passend. Vielleicht ist es für Sie auch besser, nicht in einem kleinen Dorf zu leben, wo jeder jeden kennt – nun, ich denke, Sie wissen, was ich meine.

> „Du musst nicht großartig sein, um etwas zu beginnen,
> aber du musst beginnen, um großartig zu sein."
> Zig Ziglar, amerikanischer Autor

Ein imaginärer Rückblick hilft, Ihre Werte zu bestimmen:

Ihre Geburtstagsfeier zum 85sten

Je weiter dieses Ereignis weg ist, desto spannender. Sind Sie 25, dann brauchen Sie wieder viel Phantasie, sind Sie wie ich über 50, ist es noch weit und doch ganz nah (Sie wissen schließlich, wie schnell die Zeit vergeht).

Sie stehen heute also im Mittelpunkt, vielleicht war das schon lange nicht der Fall. Sie sind ja schon 85. Viele sind da, um Ihnen zu gratulieren, manche mit Herzlichkeit, andere aus Pflichtgefühl, andere ungern – beispielsweise mancher Jugendliche. Verständlich. Ging Ihnen mit 15 auch so. Also bleiben Sie locker.

Die unvermeidlichen Reden:

Alle haben gegessen, getrunken, geplaudert – es ist lebendig, fast schon zu viel für Sie. Jetzt auch noch die Reden. Trotzdem sind Sie gespannt, denn es geht um Ihr Leben. Vier Redner werden über Sie sprechen – über Ihr Leben, über das, was Sie erreicht haben und über Ihre positiven Eigenschaften. (hoffentlich)

Die vier Redner sind:

- ein Familienmitglied
- der Bürgermeister (kommen immer zum 85sten)
- ein Freund, eine Freundin
- ein ehemaliger Arbeitskollege

Die gute Nachricht – Sie können heute schon die Reden schreiben.

Überlegen Sie einfach, was Sie gerne zu hören bekämen. Was sollen die Redner sagen, wie Sie beschreiben? Seien Sie nett zu sich selbst.

Die Frage ist: Was möchten Sie, dass andere Menschen über Sie sagen, über Ihr Leben und was sollen andere von Ihnen denken, wenn Sie 85 Jahre alt sind? (außer, dass Sie echt lange gelebt haben, noch fit sind und es sicher noch 15 Jahre gut hinbekommen, wenn nicht mehr)

Was macht Sie an Ihrem 85sten zufrieden?

Schon heute mit über 50 sage ich mir an der einen oder anderen Stelle (das ist so ein Ausdruck, der zeigt, dass man, also hier ich, anfängt „herumzueiern"), dass ich das eine oder andere aus heutiger Sicht anders machen würde. Wie wird das erst mit 85 sein?

> „Lass die Leute reden und mach dein Ding."
>
> Frei nach Dante, Dichter und Poet

Machen Sie das heute schon. Vielleicht machen Sie dann einige Dinge ab jetzt schon so, wie Sie sie in der Rückschau gerne getan hätten. Zu kompliziert? Nun, machen Sie einfach.

10 Arbeitsblatt 1 von 4: Rede „Familie"

10 Arbeitsblatt 2 von 4: Rede „Freund/in"

10 Arbeitsblatt 3 von 4: Rede „Kollege"

10 Arbeitsblatt 4 von 4: Rede „Bürgermeister"

Ran an IHRE Werte!

Das, was Sie an Ihrem 85sten über sich hören wollen, hat viel mit Ihren Eigenschaften zu tun. Es hat viel damit zu tun, wie Sie auf andere wirken wollen, wie Sie wahrgenommen werden möchten (ob das auch so ist, sei dahin gestellt). Diese Wunsch-Eigenschaften, wie „sie/er ist zuverlässig", „sie/er ist ehrlich", „sie/er ist hilfsbereit", weist auf Werte hin, die IHNEN wichtig sind. Das hat direkt mit Ihren Zielen zu tun, denn dahinter stecken IHRE Werte und aus diesen Werten leiten sich IHRE authentischen Ziele ab. Ist Ihnen Freiheit wichtig, werden Sie sich vielleicht zum Ziel setzen, sich politisch zu engagieren oder zurückgezogen „Ihr Ding" zu machen. Haben Sie Ansehen als Wert entdeckt, entscheiden Sie eventuell „berühmt" werden zu wollen.

Ziele sollten mit IHREN Werten übereinstimmen!

Es ist außerdem sehr wichtig zu wissen, welche persönlichen Wertvorstellungen wir haben. Nur so können wir verhindern, dass wir Ziele auswählen, die unseren Wertvorstellungen widersprechen. Sonst kann es passieren, dass wir uns Ziele setzen, die dem zuwiderlaufen, was uns wichtig ist und dann sabotieren wir uns oft selbst. Deshalb sollten Sie Ihre Ziele immer auch mit Ihren Wertvorstellungen vergleichen.

Beispiel: Eigenschaften – Werte - Ziele

Rede der Tochter: **Aussage:** Meine Mutter war immer für uns Kinder da.
Eigenschaft: verantwortungsbewusst, **Wert:** Verantwortungsbewusstsein
Ziel: Christine (sie erinnern sich?) nimmt sich heute als Ziel vor, ein harmonisches Verhältnis zu ihren Kindern zu haben, für sie da zu sein, wenn sie sie brauchen und mit Rat und Tat zur Seite zu stehen. Sie wird mehr Zeit mit ihnen verbringen, ihnen ihre Hilfe anbieten und ihnen helfen, wenn sie sie darum bitten. Als erstes lädt sie sie zu einem gemütlichen Abend im Biergarten ein.

11 Schreiben Sie Ihre Wunschliste

Sie haben sich mit Ihrer Persönlichkeit beschäftigt, Ihre Werte durchleuchtet und Ihre wichtigsten drei Werte gefunden, eine Phantasiereise unternommen und Ihren 85.Geburtstag gefeiert. Dazu konnten Sie einiges erfahren zu richtigen und guten Zielen, haben etwas über die Faktoren des Erfolgs und der Zielerreichung gelernt und einiges mehr. Jetzt ist es Zeit für Ihre Ziele. Beginnen Sie mit Ihren Wünschen, denn Wünsche sind Geschwister der Ziele.

Schreiben Sie auf, was Sie gerne erreichen, besitzen, tun wollen. Berücksichtigen Sie dabei auch die sogenannte „Löffelliste", also die Punkte, die Sie getan, erlebt, besessen haben möchten bevor „Sie den Löffel abgeben".

„Der griechische Philosoph Epikur unterschied drei Arten von Wünschen: natürliche und notwendige Wünsche, natürliche und nicht notwendige Wünsche, nicht natürliche und nicht notwendige Wünsche

Natürliche und notwendige Wünsche sichern das Überleben. Dazu gehören Essen, Trinken, Nahrung und Kleidung. Sie entsprechen den menschlichen Grundbedürfnissen, deshalb müssen diese Wünsche immer befriedigt werden.

Natürliche und nicht notwendige Wünsche sind den Sinnen angenehm, aber zum Überleben eigentlich überflüssig. Oft aber ist die Befriedigung dieser Wünsche vorteilhaft.

Nicht natürliche und nicht notwendige Wünsche werden durch eine Meinung hervorgerufen. Diese Wünsche sollten nach Epikur niemals erfüllt werden." Quelle: Wikipedia

> Hüten Sie sich vor Ihren Wünschen – sie könnten wahr werden.
> Sprichwort

11 Meine Wünsche

Notieren Sie Ihre Wünsche so, wie Sie Ihnen in den Sinn kommen. Dazu können Sie auch eine MindMap anlegen. Diese ist „gehirngerechter" als eine Listenform. Entwickeln Sie Ihre Wünsche über ein Baumdiagramm.

12 Wünsche und Lebensbereiche

Ordnen Sie Ihre Wünsche verschiedenen Lebensbereichen zu. Sie intensivieren so die „Auseinandersetzung" mit Ihren Wünschen. Sie finden einige Lebensbereiche vorgeschlagen, die vielleicht auch in Ihrem Leben wichtig sind.

Familie

Beruf

Gesundheit

Finanzen

Partnerschaft

Persönlichkeit

Gesellschaft

Glaube / Spiritualität

Bereich ....

Bereich ....

Bereich ....

Bereich ....

Gesellschaft

13 Aus Wünschen Ziele machen

Wählen Sie nun die fünf bis sieben wichtigsten Ziele aus der Zieleliste „Ziele und Lebensbereiche" aus. Entscheiden Sie spontan. Nun formulieren Sie diese Ziele ausführlich auf den folgenden Seiten. Ziele formulieren Sie nun nach bewährten Regeln, damit sie Sie planen und umsetzten können. Hierzu eignet sich Ziel-Formulierung nach **SMART**

S = Spezifisch:

Das heißt, konkret und gleichzeitig einfach. – Was genau wollen Sie? Stellen Sie das Ziel so genau wie möglich vor. Lassen Sie es vor Ihrem inneren Auge erscheinen oder ablaufen und beschreiben Sie es so klar wie möglich. Beantworten Sie: Wer, was, wann und wie?

M = Messbar:

Das bedeutet, Sie müssen erkennen können, dass das Ziel erreicht ist. – Was ist der sinnlich wahrnehmbare Beweis, durch den Sie erkennen können, dass Sie das haben, was Sie wollen?

A = Aktiv beeinflussbar:

Sie müssen sich als fragen, ob Sie das Ziel gestalten und kontrollieren können. – Können Sie es erreichen (Erreichbarkeit)? Haben Sie die volle Verantwortung und Gestaltungsmöglichkeit, um es zu erreichen? Oftmals sind Ziele ohne Abstimmung vorgegeben und die Kompetenz, das Ziel zu beeinflussen nur teilweise oder überhaupt nicht vorhanden. Eine Zielerreichung ist dann eher zufällig.

R = Realistisch:

In diesem Fall muss man feststellen, ob es im Bereich des Möglichen liegt. Die Frage lautet: Ist es für Sie machbar?

T = Terminiert:

Sie sollten sich auch ein Zeitablauf, einen Termin, setzen und festlegen, wann das Ziel genau erreicht ist.

Beispiel nach SMART formuliert:

Lebensbereich : Karriere, Beruf

Erfolgreicher Unternehmer im Coach- & Trainerbereich / Networking

S: Ich bin erfolgreicher Unternehmer. Als Gesellschafter bin ich an einem Unternehmen beteiligt, dass ich einige Jahre als GF mit aufbaue und das jährlich circa zwei Millionen Euro Gewinn erwirtschaftet und mir eine Ausschüttung von rund 300 bis 500 Tausend Euro bringt. Ich bin im Aufsichtsrat des Unternehmens.

M: Nach drei Jahren hat das Unternehmen einen Umsatz von 10 Millionen Euro erreicht und ein Jahreswachstum von durchschnittlich 20 Prozent

A: Ich bin als Geschäftsführer direkt an der Entwicklung des Unternehmens beteiligt und nehme direkten Einfluss auf die Geschicke des Unternehmens

R: Mit der Entwicklung einer neuen Dienstleistung, die in den Zeitgeist passt, und mit den richtigen Partnern ist diese Entwicklung und Zielsetzung machbar und sehr wahrscheinlich

T: Nach drei Jahren ist das Unternehmen in seinem Markt positioniert und hat einen Bekanntheitsgrad von 100 Prozent. Nach fünf Jahren arbeiten rund 15 bis 20 feste freie Coaches in Top Unternehmen im deutschsprachigen Raum. Unternehmensumsatz im zweistelligen Millionenbereich

13 Aus Wünschen Ziel machen - Ziele nach SMART formulieren. Wählen Sie aus Ihrer Wunschliste Ihre wichtigsten Wünsche heraus und formulieren Sie das Ziel nach SMART.

Lebensbereich 1: ………………….. Ziel: ……………………………………………
………………………………………………………………………………………………

S = Spezifisch:

M = Messbar

A = Aktiv beeinflussbar

R = Realistisch

T = Terminiert

13 Aus Wünschen Ziel machen - Ziele nach SMART formulieren. Wählen Sie aus Ihrer Wunschliste Ihre wichtigsten Wünsche heraus und formulieren Sie das Ziel nach SMART.

Lebensbereich 2: .... Ziel: ....
....

S = Spezifisch:

M = Messbar

A = Aktiv beeinflussbar

R = Realistisch

T = Terminiert

13 Aus Wünschen Ziel machen - Ziele nach SMART formulieren. Wählen Sie aus Ihrer Wunschliste Ihre wichtigsten Wünsche heraus und formulieren Sie das Ziel nach SMART.

Lebensbereich 3: .... Ziel: ....
....

S = Spezifisch:

M = Messbar

A = Aktiv beeinflussbar

R = Realistisch

T = Terminiert

13

Aus Wünschen Ziel machen - Ziele nach SMART formulieren. Wählen Sie aus Ihrer Wunschliste Ihre wichtigsten Wünsche heraus und formulieren Sie das Ziel nach SMART.

Lebensbereich 4: .... Ziel: ....
....

S = Spezifisch:

M = Messbar

A = Aktiv beeinflussbar

R = Realistisch

T = Terminiert

---

13 Aus Wünschen Ziel machen - Ziele nach SMART formulieren. Wählen Sie aus Ihrer Wunschliste Ihre wichtigsten Wünsche heraus und formulieren Sie das Ziel nach SMART.

Lebensbereich 5: ………………………… Ziel: ……………………………………………
……………………………………………………………………………………………………

S = Spezifisch:

M = Messbar

A = Aktiv beeinflussbar

R = Realistisch

T = Terminiert

13 Aus Wünschen Ziel machen - Ziele nach SMART formulieren. Wählen Sie aus Ihrer Wunschliste Ihre wichtigsten Wünsche heraus und formulieren Sie das Ziel nach SMART.

Lebensbereich 6: .... Ziel: ....
....

S = Spezifisch:

M = Messbar

A = Aktiv beeinflussbar

R = Realistisch

T = Terminiert

13 Aus Wünschen Ziel machen - Ziele nach SMART formulieren. Wählen Sie aus Ihrer Wunschliste Ihre wichtigsten Wünsche heraus und formulieren Sie das Ziel nach SMART.

Lebensbereich 7: .... Ziel: ....
....

S = Spezifisch:

M = Messbar

A = Aktiv beeinflussbar

R = Realistisch

T = Terminiert

13 Aus Wünschen Ziel machen - Ziele nach SMART formulieren. Wählen Sie aus Ihrer Wunschliste Ihre wichtigsten Wünsche heraus und formulieren Sie das Ziel nach SMART.

Lebensbereich 8: .... Ziel: ....
....

S = Spezifisch:

M = Messbar

A = Aktiv beeinflussbar

R = Realistisch

T = Terminiert

14 Was ist Ihr Lebensmotto?

Bringen Sie es auf den Punkt. Sie werden auch künftig immer wieder einmal vor der Frage stehen: stimmt die Richtung noch? Gehe ich diesen oder jenen Weg? Passt das Ziel? Dabei hilft Ihnen Ihr Lebensmotto, denn es wirkt wie ein Navigationssystem, wie ein Kompass.

Ihr Lebensmotto sollte folgende Eigenschaften haben:

- Positiv formuliert (keine Negativformulierungen)
- individuell/persönlich: ganz auf Sie abgestimmt, passend
- In Gegenwartsform formuliert
- Visualisierbar: in Bildern ausdrücken
- Emotional: gefühlsbetont

Hier einige Beispiele:

- No risk, no fun
- Carpe diem – nutze den Tag
- Ich arbeite aus Leidenschaft und bereite Freude

Mein Lebensmotto:

_____

_____

_____

_____

_____

15 Ziele veranschaulichen

Unser Gehirn liebt Bilder mehr als Worte. Es liebt Wort-Bilder mehr als Abstraktes. Es kann sich Bilder einfach leichter merken – was immer „merken" gehirnphysiologisch, biochemisch ist. Bilder gegen Vorstellung, Worte Erklärung. Bilder sind emotional verknüpft, Worte rational. Bilder gehen mit vielen Informationen gleichzeitig ins Unterbewusstsein, Worte langsam, hintereinander. Viele Unterschiede zwischen den beiden „Kanälen".

Ein Beispiel:

Stellen Sie sich bitte einmal 5000 qm vor. Haben Sie's? Schwierig? So geht's leichter: Stellen Sie sich einen Fußballplatz vor. Klar? Das sind circa 5000 qm. Unterschied erkannt? Unser Gehirn liebt Bilder. Wirklich!

„Egal ob es um die Verbesserung des Selbstbildes, den Umgang mit Ängsten oder die Suche nach innerer Entlastung geht: Visualisierungen helfen dabei. (...) Wahrscheinlich beherrscht jeder Mensch die Methode des Visualisierens, ist sich aber möglicherweise dessen nicht bewusst. Visualisierung ist eine Veranschaulichung von Informationen jeder Art, um das Verständnis zu erleichtern, die Behaltensleistung und Merkfähigkeit zu steigern und die Informationsverarbeitung zu erleichtern. (...) Visualisierungen eigenen sich hervorragend um sich selbst Instruktionen zu geben, also zu veranschaulichen, was man erreichen möchte." (Quelle: ORF, 2009)

> "Wirf Deine Angst ab, verlass Dich auf Deine inneren Hilfsquellen. Vertraue dem Leben, und es wird's Dir vergelten. Du vermagst mehr, als Du denkst."
>
> Ralph Waldo Emerson

Ihr Selbst visualisieren

Stärken Sie Ihr Selbstvertrauen indem Sie ein positives Selbstbild erzeugen. Lassen Sie vor Ihrem inneren Auge ein Bild von sich entstehen, auf dem Sie sich selbst mögen oder lieben. Schreiben Sie auf, wie Sie sich sehen, was Sie sich sagen hören, wie Sie sich fühlen. Ihr Unterbewusstsein versteht nur die Bildsprache. Es wird Sie unterstützen, das positive Bild wahr werden zu lassen.

> "Wenn es einen Glauben gibt, der Berge versetzen kann,
> so ist es der Glaube an die eigene Kraft."
>
> Marie von Ebner-Eschenbach

Ziele und Wege präsent machen

Etwa 20 Prozent dessen was Sie hören, 30 Prozent dessen, was Sie sehen und 50 Prozent dessen, was Sie hören und sehen können Sie erinnern.

Visualisierung Sie daher Ihre Ziele. So unterstützen Sie Ihr Gehirn, denn es liebt Bilder. Vor allem schöne, positive Bilder unterstützen Sie. Und Sie können Ihre Zielebilder getrost Ihrem Unterbewusstsein anvertrauen. Die Bilder werden Ihnen helfen, an Ihre Ziele zu kommen und das Richtige zum richtigen Zeitpunkt zu tun oder zu lassen.

Zu den Bildern packen Sie nun noch die Gefühle, die Sie empfinden, wenn Sie Ihr Ziel erreicht haben. Versetzen Sie sich in Gedanken in die Situation, wenn Sie am Ziel angekommen sind. Sie sitzen gemütlich in einem Sessel und stellen sich vor ... Sie haben ... Ihr erstes Buch fertig. Sie sehen es gedruckt vor sich, den Einband, das Layout, Blättern darin, fühlen das Papier, hören sie anerkennenden Worte Ihres Partners, Ihrer Freunde, hören sich sagen: „super, das hast du gut gemacht", und fühlen sich ... stolz, groß, frei, leicht, als könnten Sie Bäume ausreisen. Das funktioniert, das motiviert – habe ich selbst so erlebt!

15 Ihr schriftliches Zielebild – hilfreiche Fragen

Ihre Ziele liegen vor Ihnen. Schauen Sie zurück auf Ihr Leben. Wie soll Ihr Leben am Ende einmal aussehen? Was tun Sie, um dahin zu kommen? Jetzt, kommendes Jahr, die nächsten 7 Jahre. Was tun Sie in den kommenden Monaten und Wochen? Womit starten Sie morgen? Später schreiben Sie ihr Zielebild auf. Jetzt beantworten Sie hilfreiche Fragen dazu.

Wenn Sie „träumen", phantasieren, was sehen Sie sich am liebsten tun?

___

___

___

___

___

Wenn Zeit und Geld keine Rolle spielten, was würden Sie am liebsten tun?

___

___

___

___

___

Angenommen, sie hätten mit dem, was Sie tun Erfolg, wie sähe der aus?

___

___

___

___

___

Welche Tätigkeiten in Ihrem Beruf haben für andere einen großen Nutzen?

___

___

___

___

Welche Tätigkeiten in Ihrem Privatleben haben für andere einen Nutzen?

___

___

___

___

15 Ihr Zielebild beschreiben

Beschreiben Sie nun Ihr Zielebild. Berücksichtigen Sie dabei alle Lebensbereiche und Lebensrollen, die wichtig für Sie sind. Schreiben Sie gegenständlich und emotional. Schwelgen Sie in Gefühlen, Beschreiben Sie Bilder, nutzen Sie Analogien und Vorbilder. Alles, was Ihr Zielebild plastisch entstehen lässt ist gut geeignet.

Beschreiben Sie, wie Sie sich das tun sehen, das wichtig ist, um Ihr Ziel zu erreichen und den Zustand, wenn Sie Sie Ihr Ziel erreicht haben.

16 Ihr Ziele-Bild zeichnen

Erstellen Sie ein Zielebild (Visualisierung), das eine zentrale Rolle als Motivator und Treiber ist, und Sie erfahren, wie Sie Ihre Gedanken so auf Ihre Ziele ausrichten, dass Sie die Zielerreichung unterstützen und manchmal ganz leicht machen. Sie wissen ja – Ihr Gehirn liebt Bilder.

Um das Ziele-Bild angehen zu können, lassen Sie nochmal Ihre wichtigsten Ziele vor Ihrem geistigen Auge vorbeiziehen. Schauen Sie sich Ihre in SMART formulierten Ziele an, lesen sich Ihre Phantasiereise, Ihren perfekten Tag in Ruhe durch. Dann lassen Sie Ihrer Kreativität freien Lauf. Malen Sie, machen Sie eine Kollage mit Fotos aus Zeitschriften, eigenen Fotos, Bildern oder mischen Sie alles. Wie sieht Ihr persönliches Ziele-Bild aus?

In unseren Workshops und Seminaren hat sich bewährt, Kollagen auf Flipchartpapier zu erstellen. Dazu stellen wir Papier, Zeitschriften und Kataloge mit Bildern, Klebestifte, Malsachen, Farben, Stifte etc. zur Verfügung. Dann nehmen wir uns eine Stunde Zeit und kreieren Bilder. Dabei geht es oft recht humorig zu. Es werden Witze gemacht, Geschichten erzählt und manchmal ist es eine Zeit lang einfach still.

Was richtiges Visualisieren bewirkt

„An einer Studie nahmen Psychologie-Studierende teil, die in 5 bis 7 Tagen eine Prüfung zu absolvieren hatten. Einigen wurde gesagt, sie sollten sich das positive Ergebnis vorstellen (sie sollten visualisieren, wie sie die Ergebnisliste studieren, eine 1 sehen, vor Freude in die Luft springen, sich stolz fühlen würden) und diese „Ergebnissimulation" sollten sie bis zur Prüfung jeden Tag für 5 Minuten wiederholen. Dies hatte jedoch nur einen geringen Effekt: Diese Gruppe erreichte bei der Prüfung nur zwei Punkte mehr im Vergleich mit einer Kontrollgruppe ohne mentale

Simulation. Eine weitere Gruppe von Studierenden wurde angewiesen, sich vorzustellen, wie sie so lernen würden, dass sie eine 1 erreichen würden. (Sie sollten sich visualisieren, wie sie Literatur studieren, Ablenkungen vermeiden, ein Angebot auszugehen, ablehnen würden.)

Diese Studenten sollten diese **"Prozesssimulation"** ebenfalls für 5 Minuten pro Tag wiederholen. Verglichen mit den Studenten der Kontrollgruppen begannen diese Studierenden früher mit dem Lernen, verbrachten mehr Stunden mit dem Lernen und erreichten durchschnittlich 8 Punkte mehr in der Prüfung.

> „Es ist, die Zeit tagträumend oder fantasierend, dem Prozess zu widmen, wie wir unser Ziel erreichen, als dem Ziel selbst."
>
> Shelley Taylor und Kollegen, amerikanische Psychologen

Basierend auf diesem und anderen Experimenten schlossen Taylor und ihre Ko-Autoren, dass es besser ist, die Zeit, die wir Tag träumen oder fantasieren, dem Prozess, wie wir unser Ziel erreichen, zu widmen, als dem Ziel selbst." Quelle: http://www.myers-online.de/myers/weitereInfo/wi10.php, 17.08.2009

Tipp: Wenn Sie also Ihr Zielebild entwickeln, konzentrieren Sie sich auf die Prozesse, die zum Ziel führen, weniger auf den Zielzustand selbst. Nutzen Sie beispielsweise Bilder von Trainierenden, von Menschen, die gesund essen, die in der Natur Zeit mit Ihren Kindern verbringen, die Ihren Schreibtisch gerade aufräumen, die lernen, die entspannen usw.

16 Erstellen Sie Ihr Ziele-Bild, als Kollage, Zeichnung, Gemälde...

17 Ziele Planung

Nun gilt es noch Ihre Ziele mit Zwischenzielen zu versehen, einen strategischen Zieleplan zu erstellen mit Lebensziel, Phasenzielen, Jahres-, Quartals- und Monatszielen und die dazugehörigen Aufgaben dazu zu entwickeln. (Ich habe ja gesagt, Ziele finden und erreichen ist Arbeit!)

Zusätzlich laden Sie die Eigenschaften und Fähigkeiten in sich auf, die Sie brauchen, um Ihre Ziele sicher und kraftvoll mit Freude zu erreichen.

> Je genauer du planst, desto härter trifft dich der Zufall
>
> Sprichwort

Sie können die folgenden Planungsseiten handschriftlich im Buch bearbeiten. Sinnvoll ist es, den Plan gut sichtbar anzubringen und ihn einmal im Jahr zu überarbeiten, weil das der Zielerreichung nützt und Ziele sich ändern können. Damit Sie dazu nicht die Seiten ausreißen müssen, finden Sie die Planseiten als PDF unter:

http://bit.ly/Zieleplan

Die Seiten können Sie ausdrucken und dann bearbeiten.

> Life is what happens when you are busy making other plans
>
> John Lenon

Mein Zieleplan _____, Datum, _____

Mein Lebensziel:
_____
_____
_____

Meine Lebensbereiche (Hauptaufgaben/Lebensbereiche

1. Lebensbereich::..................................
_____
_____
_____

2. Lebensbereich:....................................
_____
_____
_____

2. Lebensbereich:....................................
_____
_____
_____

4. Lebensbereich:....................................
_____
_____
_____

5. Lebensbereich:....................................
_____
_____
_____

6. Lebensbereich:....................................
_____
_____
_____

7. Lebensbereich..................................:
_____
_____
_____

Und handschriftlich bearbeiten

Was will ich am Ende meines Lebens erreicht haben? Zielebild

1. Lebensbereich::..................................
_____
_____
_____

2. Lebensbereich:....................................
_____
_____
_____

2. Lebensbereich:....................................
_____
_____
_____

4. Lebensbereich:....................................
_____
_____
_____

5. Lebensbereich:....................................
_____
_____
_____

6. Lebensbereich:....................................
_____
_____
_____

7. Lebensbereich..................................:
_____
_____
_____

0-------7-------14-------21-------28-------35-------

Meine Lebensmotto:

_____

_____

Was will ich bis .... erreicht haben? (5 Jahre)	Meine Jahresziele ....
1. Lebensbereich:.:...................................	1. Lebensbereich:.:...................................
2. Lebensbereich:......................................	2. Lebensbereich:......................................
2. Lebensbereich:......................................	2. Lebensbereich:......................................
4. Lebensbereich:......................................	4. Lebensbereich:......................................
5. Lebensbereich:......................................	5. Lebensbereich:......................................
6. Lebensbereich:......................................	6. Lebensbereich:......................................
7. Lebensbereich......................................:	7. Lebensbereich......................................:

42------49------56------63------70------77-----

Meine wichtigsten Werte:

_____

_____

Quartalsziele 1: ....   ## Quartalsziele 2: ....

1. Lebensbereich:.:..

_____

2. Lebensbereich:..

_____

2. Lebensbereich:..

_____

4. Lebensbereich:..

_____

5. Lebensbereich:..

_____

6. Lebensbereich:..

_____

7. Lebensbereich...:

_____

1. Lebensbereich:.:..

_____

2. Lebensbereich:..

_____

2. Lebensbereich:..

_____

4. Lebensbereich:..

_____

5. Lebensbereich:..

_____

6. Lebensbereich:..

_____

7. Lebensbereich...:

_____

84------91------98------105----112----119----

Meine Lebensmotive:

_____

_____

Quartalsziele 3:	Quartalsziele 4: ....
1. Lebensbereich::..	1. Lebensbereich::..
2. Lebensbereich:..	2. Lebensbereich:..
2. Lebensbereich:..	2. Lebensbereich:..
4. Lebensbereich:..	4. Lebensbereich:..
5.Lebensbereich:..	5.Lebensbereich:..
6.Lebensbereich:..	6.Lebensbereich:..
7. Lebensbereich..:	7. Lebensbereich..:

18 Die MCII-Methode

Mentales Kontrastieren - Mental Contrasting - MC

Einer der Erfolgsfaktoren, um Ziele zu erreichen ist das Setzen „verbindlicher Ziele". Mentales Kontrastieren (Mental Contrasting, MC) erhöht die Verbindlichkeit von Zielen, denn es gleicht die gewünschte Zukunft (Ziel) mit aktuellen oder künftigen Hindernissen, die die Zielerreichen behindern, ab. Gerade deshalb ist MC ein geeignetes Werkzeug, um verbindliche Ziele zu entwickeln. Denn durch mentale Kontrastierung von Zukunft und Realität können Sie hohe Erfolgserwartungen in verbindliche Ziele übertragen.

Beim Mentalen Kontrastieren – hier das Beispiel gesund Ernähren - stellen Sie sich die positive Zukunft vor (Wohlbefinden, wenn Sie sich gesund ernähren) und kontrastiert dieses Bild und Gefühl mit der Realität (wie schwer es Ihnen fällt, Eis und Schokolade zu widerstehen).

„Schwelgt eine Person, so stellt sie sich nur die positive Zukunft vor. Sie beschäftigt sich gedanklich nur mit dem erhofften Wohlbefinden und nicht mit den Schwierigkeiten, die gesunder Ernährung entgegenstehen. Grübelt die Person, denkt sie nur über die entgegenstehende Realität nach, über die Schwierigkeiten, gesund zu essen. **Die drei genannten Selbstregulationsstrategien (Schwelgen, Grübeln, mental Kontrastieren, der Autor) wirken sich unterschiedlich auf das Setzen und Verfolgen von Zielen aus:** Das Mentale Kontrastieren, das sowohl die positive Zukunft als auch die widersprechende negative Realität kognitiv zugänglich macht (...), führt zu erwartungsabhängiger moderater Zielbindung und Zielverfolgung, (...) Eine Person, die gerne zweimal wöchentlich abends ins Fitnesscenter gehen würde und mental kontrastiert, würde ihre positiven Fantasien über die Wirkung des Fitnesstrainings (zum Beispiel Wohlbefinden und gute Stimmung) mit der Schwierigkeit kontrastieren, abends anstatt fernzusehen noch zum Sport zu gehen. Sie wird sich stark engagieren, wenn die Erfolgsaussichten hoch sind, oder aber angesichts geringer Erfolgsaussichten davon absehen und sich für ein mehr Erfolg versprechendes Vorhaben einsetzen (zum Beispiel morgens zu joggen)." (DAK, S.15)

Demnach kommt es zu verbindlichen Zielsetzungen, wenn Sie die positiven Aspekte des Verhaltens zum Erreichen des Ziels mit den Schwierigkeiten, auf die Sie stoßen können, mental kontrastieren.

Was nun folgt ist etwas auf den ersten Blick völlig Normales. Na klar, werden Sie vielleicht denken, das weiß doch jedes Kind! Es ist aber nicht völlig normal, denn oft bieten Ziele-Trainings nur die Fokussierung auf den gewünschten Idealzustand (Ziele-Phantasie, Ziele-Bild etc.). Das reicht meist nicht aus, um Ihre Ziele, vor allem übergeordnete Ziele (z.B. gesund leben) zu erreichen oder dauerhaft zu realisieren.

Wenn Sie sich nun vorstellen, wie es ist, Ihr Ziel erreicht zu haben und das nötige dafür zu tun, beispielsweise täglich zu schwimmen – und gleichzeitig die möglichen Hindernisse durchdenken (mental kontrastieren), geht Ihnen gewissermaßen ein Licht auf. Sie erkennen, dass Sie tatsächlich eine Menge zu tun bekommen, um das Ziel zu erreichen. Ach was – denken Sie jetzt vielleicht. Ja – genau. Was trivial klingt, ausschaut, wirkt, ist manchmal alles andere als einfach. Ob Sie das Ziel nun weiter verfolgen, hängt den vorgestellten Erfolgsaussichten ab.

„Sind die Erfolgsaussichten hoch, wird die Person aktiv, sind sie niedrig, sucht sich die Person alternative, mehr versprechende Ziele und Handlungen. Beim Schwelgen (nur Zielphantasie, der Autor) und Grübeln (nur Hindernisse bedenken) jedoch wird keine derartige Handlungsnotwendigkeit erlebt. Hier bleiben die Zielsetzungen in ihrer Verbindlichkeit erwartungsunabhängig und moderat. Zahlreiche experimentelle Studien bestätigten die unterschiedlichen Effekte von Mentalem Kontrastieren, Schwelgen und Grübeln auf das Zielsetzen und Zielstreben." (DAK, S.16)

Studien zeigten, dass Mentales Kontrastieren zu stärkeren Zielsetzungen und Zielerreichung führt, als dies ohne MC der Fall war. Und das bezog sich auf so unterschiedliche Bereiche, wie Partnerschaft, Work Life Balance oder Studieren im Ausland. Schüler zeigten durch den Einsatz von MC bessere Leistungen in Mathematik und beim Lernen von Fremdsprachen.

Durchführungsvorsätze - Implementation Intentions - II

Sie kennen das sicher auch: Sie sind motiviert ein Ziel zu erreichen (z.B. fit sein, gesund leben) und können Sie sich nicht aufraffen abends noch Sport zu treiben. Da führen wir oft einen längeren inneren Dialog – der Bequeme mit dem Fitten – den der Bequeme gerne schon mal gewinnt. Experten haben herausgefunden, dass es dafür einige wenige Gründe gibt, die Sie gut bearbeiten können:

- Sie schieben den Start immer wieder hinaus. Sie verpassen, rechtzeitig mit dem Streben nach dem Ziel zu beginnen
- Sie lassen sich leicht ablenken und bleiben nicht dran am Ziel
- Sie bleiben zu lange an kritischen Ziele hängen und brechen nicht erfolgreiches Zielstreben zu spät ab
- Sie steigern sich zu sehr hinein, zu sehr in das Streben bzgl. eines Ziels und vernachlässigen andere Ziele

Hier helfen Durchführungsvorsätze (II), die dafür sorgen dass Sie die oben genannten Probleme in den Griff bekommen. Zielintentionen beschreiben lediglich, das was Sie erreichen wollen – Ich gehe täglich 30 Minutenschwimmen. Durchführungsvorsetze sind genauer. Sie beschreiben, was Sie, wann, wo und wie tun werden, um Ihr Ziel zu erreichen – Wenn ich irgendwann am Tag 60 Minuten Zeit habe, gehe ich schwimmen. Die Wenn-Dann-Betrachtung führt zu deutlich mehr Gelegenheiten (ein Faktor der Zielrealisierung), das gewünschte Verhalten zu zeigen und erhöht so die Zielbindung.

„Durchführungsvorsätze können in der Wenn-Komponente verschiedene Inhalte spezifizieren. Sie können Hindernisse ansprechen, die der Zielrealisierung im Wege stehen, oder günstige Gelegenheiten auflisten („Wenn das Wetter es zulässt, fahre ich mit dem Rad statt dem Auto zur Arbeit!"). Falls in der Wenn-Komponente Hindernisse spezifiziert werden, gibt es zwei Möglichkeiten, in der Dann-Komponente zielrealisierendes Handeln aufzuführen. Man kann Handlungen beschreiben, die die Schwierigkeiten überwinden („Wenn es regnet, dann gehe ich wenigstens in der Mittagspause flott spazieren!") oder man kann Handlungen beschreiben, die diesen Schwierigkeiten vorbeugen („Wenn ich am Sportartikel-Laden vorbeigehe, dann will ich reingehen und mich erkundigen, wie viel ein Hometrainer kostet!"). Wie auch immer Durchführungsvorsätze formuliert werden, es handelt sich dabei stets um Wenn-dann-Pläne, die festlegen, welches zielrealisierende Handeln man ausführen will, wenn eine bestimmte antizipierte Situation tatsächlich vorliegt." (DAK, S.17)

Das Neue: Mental Contrasting und Implementation Intentions (MCII)

Damit Durchführungsvorsätze nachhaltig funktionieren, müssen sie auf starken, authentischen Zielen aufsetzen. Mentales Kontrastieren ist ein Ziele-Verstärker. Sie sollten es daher vor dem Entwickeln Ihrer Durchführungsvorsätze anwenden. Mit MC machen Sie kritische Situation ausfindig, die der Zielerreichung im Weg stehen. Beim entwickeln der Durchführungsvorsätze können Sie die kritischen Situationen dann detailliert betrachten und lösen:

„Wenn die kritische Situation X eintritt, dann löse ich sie durch die Handlung Y." Beispiel: Wenn es regnet, laufe ich auf dem Hometrainer

„Die beiden Ansätze des Mentalen Kontrastierens und Fassens von Durchführungsvorsätzen (Mental Contrasting und Implementation Intentions, MCII) wurden kombiniert, um einen optimalen Interventionseffekt auf Gesundheitsverhalten zu erzielen." (DAK, S.18)

Das MCII ist leicht und schnell zu erlernen wobei sich folgende Vorgehensweise bewährt hat:

In einer Stunde erlernt

„Die MCII-Technik kann innerhalb einer Stunde erlernt werden. Die Interventionsteilnehmer malen sich zunächst die positiven Aspekte eines verbesserten Lebensstils aus. Im Kontrast reflektieren sie anschließend das persönlich wichtigste Hindernis, das der Ausführung des kritischen Verhaltens im Wege steht. Schließlich formulieren sie drei Durchführungsvorsätze. Der erste Durchführungsvorsatz beschreibt, wie die Teilnehmer das jeweilige Hindernis bewältigen wollen (Überwinden), der zweite Durchführungsvorsatz bestimmt, wie die Teilnehmer vorbeugen wollen (Vorbeugen), dass das Hindernis erst gar nicht auftritt, und ein dritter, wie sie vorgehen wollen, um gewünschtes Gesundheitsverhalten in kritischen Situationen verlässlich zu initiieren (Handeln)." (DAK, S.19)

18 Übung zur MCII – Methode

Wählen Sie ein beliebiges Ziel aus, dass Sie nach dieser Methode bearbeiten wollen. Welches Verhalten ist wichtig, um dieses Ziel zu erreichen?

___

___

___

Malen Sie sich zunächst die positiven Aspekte eines verbesserten Lebensstils aus, eines erreichten Ziels aus.

___

___

___

___

___

___

___

___

Im Kontrast reflektieren Sie nun das persönlich wichtigste Hindernis, das der Ausführung des neuen Verhaltens oder dem erreichen des Ziels im Wege steht.

___

___

___

___

___

___

___

___

Formulieren Sie drei Durchführungsvorsätze. Der erste Durchführungsvorsatz beschreibt, wie Sie das Hindernis bewältigen wollen (Überwinden), der zweite Durchführungsvorsatz bestimmt, wie Sie vorbeugen wollen (Vorbeugen), dass das Hindernis erst gar nicht auftritt, und ein dritter, wie Sie vorgehen wollen, um das Verhalten auch in hemmenden Situationen (keine Lust, keine Zeit) durchzuführen.

Überwinden

___

___

___

___

Vorbeugen

Jetzt erst recht (hemmende Situationen)

Sie können dieses Verfahren zu jedem wichtigen Ziel aus verschiedenen Lebensbereichen durchführen.

19 Anker setzen

Im NLP (Neurolinguistisches Programmieren) spricht man oft davon, sogenannte Ressourcen zu ankern. Ressourcen sind Zustände, Gefühle, Kraftquellen. Die Ihnen helfen bestimmte Aufgaben besser zu erfüllen oder sich einfach Wohler zu fühlen. Dazu gehören Ressourcen, wie Mut, Gelassenheit, Power, Zuversicht, Freude, Zufriedenheit, Konsequenz, Überwindung, Kraft, Verständnis etc.

Vor allen Dingen, wenn Sie schon Erlebnisse hatten, in denen Sie mutig, gelassen, zuversichtlich, selbstbewusst, konsequent oder verständnisvoll waren, können Sie auf diese Erinnerungen zurückgreifen und sich in diese Vorstellung versetzen. Wir nutzen hier aus, dass das Gehirn nicht zwischen Erleben und Vorstellung unterscheidet.

Dabei schauen Sie genau hin, hören hin, und spüren hin. Wenn Sie dann durch die Erinnerung die Ressource spüren, fühlen, was Sie gefühlt haben als Sie mutig, verständnisvoll, zuversichtlich, konsequent waren, setzen Sie den Anker, einen Reiz, beispielsweise in einer Berührungs-Wort-Kombination. Sie drücken eine gute Sekunde beispielsweise den Grundköchel eines kleinen Fingers und sprechen dazu in Gedanken das Wort der Ressource aus, die Sie gerade ankern (z.B. Mut). Später können Sie „Mut" durch den Reiz (Fingerknöchel drücken und innerlich das Wort „sprechen") auslösen. Sie holen Sie die Zustande, die Ressourcen die Sie brauchen – quasi auf Knopfdruck.

1. Situation suchen, in der Sie die Ressource, das Gefühl erlebt haben
2. In die Situation versetzen – VAK – sehen, hören, spüren
   Beschreiben Sie, was Sie da gesehen, gehört, gespürt haben
3. Im Moment des intensiven Erlebens des Gefühls (Freiheit), der Emotion
   (den Anker setzen wie oben beschrieben)
4. Ablenken: Auf die Uhr schauen – Zeit angeben
5. Test: Anker auslösen
   Wenn der gewünschte Zustand eintritt – Ende.
   Wenn nicht ankern wiederholen.

20 Die Disney-Methode

Die Walt Disney Methode ist eine Kreativitäts-Strategie, die von Urgesteinen des NLP, wie Robert Dilts, durch „Abschauen" (NLP: Modellieren) von Walt Disney entwickelt haben. Die Walt-Disney-Strategie ist ein Modell für drei Phasen in einem kreativen Prozess. Dabei nehmen Sie getrennt voneinander drei unterschiedliche Positionen ein und bearbeiten Ihr Ziel ausschließlich aus dessen Sichtweise.

So eignet sich „der Disney" besonders gut, um Wege und Vorgehensweise für komplexe Ziele zu entwickeln. Die Disney-Strategie kombinieren wir mit der MCII-Methode (siehe vorheriges Kapitel), indem wir dem „Kritiker" verstärkt die Rolle des mentalen Kontrastierens zuweisen und dem „Realisierer" Durchsetzungsstrategien und Vorsätze (Implementation Intentions) erarbeiten lassen. So sollten wir insgesamt einen wesentlich erhöhten Wirkungsgrad erreichen. Zu den Positionen und Phasen:

- die Phase des Träumers (der Träumerin)
- die Phase des Realisten (der Realistin oder Realisierers = Macher)
- die Phase des Kritikers (der Kritikerin).

Der Träumer

Begeben Sie sich in die Rolle des Träumers (der Träumerin), so fördern Sie einen Zustand, in dem gut neue Ideen entstehen. Hierbei gibt es nahezu keine Grenzen und Einschränkungen. Es geht um Ideen, Gedanken, Phantastereien. Es geht hier noch nicht darum, was davon verwirklicht werden kann. Der Träumer entwickelt Ziele und Visionen. Er denkt vor allem in Bildern (visuell) konstruiert Zukunfts-Bilder. Der Träumer darf ungestört von seiner Idealzukunft träumen.

Er wird nicht gehindert durch die beiden anderen Figuren, den Realisten (oder Macher) oder den Kritiker. Das ist sehr wichtig. Deshalb empfehle ich für jede Figur einen eigenen Ort zu nutzen und die Orte und Figuren sauber voneinander zu trennen

Der Realist

Im Zustand des Realisten oder der Realistin konzentrieren Sie sich auf das, was realistisch machbar ist und was nicht. Der Realist vollzieht das nach, was der Träumer in der Zukunft gesehen hat. Der Realist denkt logisch und erstellt einen logisch strukturierten Plan, beispielsweise gliedert er Ziele in Detailziele auf und legt die die wichtigsten Schritte, die Meilensteine, fest. Er definiert Aufgaben und verteilt sie. Der Realist ist vor allem gefühlsbetont, also kinästhetisch: er überprüft mit seinem Gefühl den Zukunfts-Entwurf des Träumers und stellt sich gedanklich vor, dass er mit seinem Körper und seinem Tun realistische Handlungen in der Gegenwart setzt. Er setzt dabei auch auf seine Intuition und den gesunden Menschenverstand (GMV).

Der Kritiker

Der Kritiker oder die Kritikerin geht auf Abstand. Im NLP bezeichnet man eine Position, die von außen auf einen Prozess blickt, als Meta-Position. Von außen, also von „Meta" überprüft der Kritiker den Plan des Realisten. Nützlich sind hier der Abstand zu dem eigenen Vorhaben und die Distanz zu sich selbst. So prüft der Kritiker sachlich, ob es Hemmschuhe oder Hindernisse für den Plan gibt. Der Kritiker spricht vor allem mit sich selbst (innerer Dialog), hört auf seine innere Stimme und fragt sich, was alles noch verbessert werden kann. Dabei greift er automatisch und unbewusst auf seine Erfahrungen und damit auf die Vergangenheit zurück.

Das Trio hilft beim Ziele erreichen

Um Ziele zu finden, aktivieren Sie Ihren inneren Träumer, um die Ziele zu verwirklichen, erstellt die Realistin, der Realist einen machbaren Plan. Der Kritiker distanziert sich gefühlmäßig von der Idee, überprüft sachlich und wägt das Für und Wider logisch ab.

Erfolgreiche Personen praktizieren die drei Zustände und sind in der Lage die Positionen des Träumers, des Realisten und des Kritikers klar voneinander zu trennen und alle drei Haltungen für sich zu praktizieren. Walt Disney hat fast alle seine großen Projekte mit dieser Methode durchleuchtet und so meist einen guten Weg gefunden, an seine Ziele zu kommen.

20 Übung Disney Methode

Übungsablauf:

- **Setzen Sie sich ein Ziel, das Sie erreichen möchten.**

- **Position des Träumers**

  Suchen Sie einen Ort im Haus, im Büro, im Garten, an dem Sie entspannen können und der geeignet ist zu „träumen".
  Finden Sie eine Situation in der Vergangenheit, in der Sie geträumt haben (Tag- oder Nachttraum). Stellen Sie sich diese Situation vor:
  - was sehen Sie, wenn Sie an diese Situation denken? Wo sind Sie?
  - was hören Sie, wenn Sie an die Situation denken?
  - was fühlen Sie, wenn Sie an die Situation denken?

  Der Träumer lässt alle Visionen kommen, die mit dem Ziel zusammenhängen. Lassen Sie Bilder entstehen, die mit Ihrem Ziel zusammenhängen. So als wären Sie bereits am Ziel.
  Schreiben Sie die Vision auf.

- **Unterbrechen**

  Tun Sie etwas völlig anderes, bevor Sie in die nächste Position wechseln, beispielsweise einen Kaffee holen, oder den Müll rausbringen

- **Position des Realisten**

  Wählen Sie einen Ort, an dem Sie gut planen können, beispielsweise Ihren Schreibtisch
  Finden Sie eine Situation in der Vergangenheit, in der Sie geplant haben. Stellen Sie sich diese Situation vor:
  - was sehen Sie, wenn Sie an diese Situation denken? Wo sind Sie?
  - was hören Sie, wenn Sie an die Situation denken?
  - was fühlen Sie, wenn Sie an die Situation denken?

  Der Realist zerlegt den Traum (Visionen) in kleinste Schritte und ordnet die Schritte zu einem realisierbaren Plan. Hierzu benötigen Sie etwas Zeit.
  Schreiben Sie den Plan auf.

- **Unterbrechen**
  Tun Sie etwas völlig anders

- **Position des Kritikers**
  Wechsel auf den Platz des Kritikers – halten Sie die Plätze getrennt – das können auch drei Stühle in einem Büro sein
  Finden Sie einen Ort, an dem Sie gut analysieren und bewerten können, von dem aus Sie gut auf die Situation „draufschauen" können, wo Sie Überblick haben.
  Finden Sie eine Situation in der Vergangenheit, in der Sie neutraler Beobachter waren und einen Sachverhalt gut beurteilen konnten. Stellen Sie sich diese Situation vor:
  - was sehen Sie, wenn Sie an diese Situation denken? Wo sind Sie?
  - was hören Sie, wenn Sie an die Situation denken?

  Als Kritiker betrachten Sie den Plan, fahnden nach Schwachstellen und Hemmnissen. Sie selbst sind nicht beteiligt, sondern stehen als Ratgeber und Betrachter von außen zur Verfügung.

- **Realist informieren ...**
  Teilen Sie Ihre Bedenken und Ergebnisse dem Realisten mit. Der Realist oder Macher fahndet nach Lösungen und setzt die Lösungen dann in einen Plan um. Wechseln Sie zwischen dem Platz Ihres inneren Kritikers und Ihres inneren Realisten.

- **Wiederholen, bis der Kritiker zufrieden ist.**
  Wechsel zwischen Realist und Kritiker

Sieben Tipps, Ziele zu erreichen

Schaffen Sie sich IHRE Basis
- Ich kann mir das erreichte Ziel konkret vorstellen und beschreiben.
- Ich empfinde Leidenschaft und Begeisterung für mein Ziel
- Meine Stärken und Talente helfen das Ziel zu erreichen.

Formulieren Sie Ihre Ziele schriftlich und richtig
SMART: Spezifisch – Messbar – Aktiv beeinflussbar – Realistisch – Terminiert
Arbeiten Sie bereits hier mit fundierte Methoden: beispielsweise NLP, MCII

Legen Sie Zwischenziele fest
Ein großes, weit entferntes Ziel kann demotivieren. Nutzen Sie Teilziele, Zwischenziele auf dem längeren Weg dorthin. Kümmern Sie sich auch um Hemmnisse auf dem Weg zum Ziel und schaffen Sie Lösungsideen

Motivation schaffen
Suchen Sie nach Menschen, die ähnliche Ziele haben, nach Menschen, die IHRE Ziele schon erreicht haben und lassen Sie sich helfen!
Achten Sie darauf, dass Ihre Ziele für Sie wünschenswert sind und bleiben und machbar sind.

Sammeln Sie alles für Ihr Ziel
Informationen, Kurse, Ereignisse, Bücher, Artikel, Zeitschriften ... hieraus kommen Motivation, Nutzen, Wissen, Fähigkeiten.

Rückschläge erlaubt – Dranbleiben
"Ich glaube, dass die Ungeduld, mit der man seinem Ziele zueilt, die Klippe ist, an der gerade oft die besten Menschen scheitern."
Friedrich Hölderlin, deutscher Dichter und Lyriker
Dranbleiben!!!! „Never, never, never give up." Winston Churchill

Genießen Sie Erfolge!

Literaturverzeichnis & Tipps

Ariely, Dan, 2010. Fühlen nützt nichts, hilft aber. München, 2010.

Ariely, Dan, 2010. Denken hilft zwar, nützt aber nichts:Warum wir immer wieder unvernünftige Entscheidungen treffen, Knaur Taschenbuch, 2010

Cialdini, Robert. 2007. Psychologie des Überzeugens. 2007.

Covey, Stephen R., 2008. Die 7 Wege zur Effektivität, Gabal, 2008.

Covey, Stephen R., 2006. Der 8. Weg, Gabal, 2006.

Dalai Lama. LC 11933. Das Buch der Menschlichkeit. Lübbe Audio, LC 11933.

Damasio, Antonio, 2004. Der Spinoza Effekt, List Taschenbuch, 2004

Druyen, Thomas. 2012. Krieg der Scheinheiligkeit: Plädoyer für einen gesunden Menschenverstand, Maxlin, 2012

Dutton, Kevin. 2010. Gehirnflüsterer. dtv, 2010.

Häusel, Hans-Georg, 2005. Think Limbic! Die Macht des Unbewussten verstehen und nutzen für Motivation, Marketing, Management, Haufe-Lexware, 2005

Havener, Torsten und Spitzbart, Michael. 2010. Denken Sie nicht an einen blauen Elefanten. 2010.

Hoffmann, Karl, Dr., 2010. Kairos, Navigator der menschlichen Zeit; Augsburg, 2010

Kast, Bas, 2011. Ich weiß nicht, was ich wollen soll, Fischer, 2011, Kindle-Version

Kast, Bas, 2009. Wie der Bauch dem Kopf beim Denken hilft, Fischer 2009

Kitz, Volker und Tausch, Manuel. 2011. Psycho? Logisch! München, Heyne, 2011.

Knoblauch, Jörg, 2005. www.ziele.de: Wie Sie umsetzen, was Sie sich vornehmen, Gabal, 2005

Krehlhaus, Lisa, 2006. Wer bin ich – wer will ich sein? mvg Verlag, München 2006

Küstenmacher, Werner Tiki. 2001. Simplify your life. Bonn, VNR Verlag, 2001.

Lipton Bruce H., Bhaerman, Steve. 2009. Spontane Evolution, Burgrain, 2009

Martin, Leo. 2011. Ich krieg dich, Arsiton, 2011, Kindle-Version

Merath, Stefan. 2011. Die Kunst, seine Kunden zu lieben: Neurostrategie® für Unternehmer, Gabal, 2011.

Merath, Stefan. 2011. Der Weg zum erfolgreichen Unternehmer: Wie Sie und Ihr Unternehmen neue Dynamik gewinnen, Gabal, 2008

Mussweiler, Thomas. 2006. Doing Is for Thinking! Stereotype Activation by Stereotypic Movements. Psychological Science 17. 2006, S. 17-21.

Nölke, Matthias, 2006. Anekdoten, Geschichten, Metaphern für Führungskräfte, Haufe Verlag 2006

Oettingen, Gollwitzer. 2002. Theorien der modernen Zielpsychologie, Huber, 2002

Reiss, Steven, 2010. Das Reiss Profil, Gabal, 2010

Roth, Gerhard. 2003. Aus Sicht des Gehirns, Suhrkamp, 2003.

Sacks, Oliver, 2007. Der einarmige Pianist. Über Musik und das Gehirn, rororo, 2009

Schmidbauer, Wolfgang, 2009. Dranbleiben, die gelassene Art Ziele zu erreichen, Herder, 2009

Schneider, Wolf, 2008. Glück! Eine etwas andere Gebrauchsanweisung, rororo, 2008

Sevincer, Oettingen, 2006. Ziele. In: Brandstätter / Otto: Handbuch der allgemeinen Psychologie, Hogrefe, 2006

Shah, Idries, 1996. Lebe das wirkliche Glück, Herder, 1996

Siefert Werner, Weber, Christian. 2008. Ich – wie wir uns selbst erfinden, Piper, 2008

Tracy, Brian, 2008. Das Maximum-Prinzip: Mehr Erfolg, Freizeit und Einkommen - durch Konzentration auf das Wesentliche, Kindle-Edition, 2008

Tracy, Brian, 2004. Ziele: Setzen. Verfolgen. Erreichen, Campus Verlag; 2004

Wilson, Timothy D. 2007. Gestatten, mein Name ist ich, Pendo, 2007

Winget, Larry. 2009. Halt den Mund, hör auf zu heulen und lebe endlich. München: Heyne, 2009.

Zirbik, Jürgen. 2012. So ticken wir, Friendship Verlag, Nürnberg 2012

Zirbik, Jürgen. 2013. Sie können das, Friendship Verlag, Nürnberg 2013

Zum Autor

Jürgen Zirbik, Jahrgang 1957, ist Franke aus Ebern bei Bamberg. Der studierte Pädagoge ist seit vielen Jahren Berater von Unternehmen und Führungskräften, Business-Trainer und -Coach sowie Autor. Zirbik arbeitete lange als Journalist und Führungskraft im Hörfunk, später auch im Fernsehen, dann in Werbe- und PR-Agenturen und seit 2000 als Marketing- und Kommunikations-Berater, als Kommunikations-Trainer und Business-Coach. Vor einigen Jahren hat er das GMV-Prinzip für sich entdeckt und bringt seitdem gesunden Menschenverstand überall dort an, wo es nicht schnell genug verhindert werden kann. Er ist Autor verschiedener Bücher und Blogs.

Hier finden Sie mehr von und über ihn:

http://www.gmv-prinzip.de
http://www.webinar-profi.de
http://www.trainer-regional.de
http://www.zirbik-business-coaching.de
http://www.ziele-akademie.de

Kontakt

juergen.zirbik@zirbik-ub.de

Weitere Bücher des Autors

Zirbik / Anic / Witzleben:
Verkaufen mit GMV
Wie Sie mit gesundem Menschenverstand gelassener und erfolgreicher verkaufen

250 Seiten, Friendship Verlag, 2013
ISBN: 978-3-944240-09-1

Gesunder Menschenverstand (GMV) ist allerorten gefragter denn je. Auf den Verkauf trifft das besonders zu. Die Autoren, selbst seit Jahren in Verkauf und Marketing erfolgreich, fassen zusammen, was Verkäufer gelassener und erfolgreicher macht.

Zum Buch:

Kindle-Version: http://amzn.to/WU3frt
Print-Version: http://bit.ly/VerkaufenMitGMVPrint

So ticken wir

Psychologische Phänomene und Verhaltensgesetze für Führung, Verkauf und den ganzen Rest

167 Seiten, Friendship Verlag, 2012
ISBN: 978-3-944240-06-0

„So ticken wir" ist ein Buch für Menschen, die Ihre Beziehungen verbessern möchten – auch die Beziehung zu sich selbst. Dazu ist es hilfreich, Verhalten zu ändern und anders mit den Menschen und sich selbst zu kommunizieren – also, Sprechen und Zuhören (vor allem). Bei all den Psycho-Phänomenen geht es Jürgen Zirbik besonders um den gesunden Menschenverstand – kurz GMV. Einer der wichtigsten GMV-Grundsätze ist, dass Sie mit den Informationen im wahren Leben etwas anfangen können.

Zum Buch

Kindle-Version: http://bit.ly/SoTickenWirKindleAmazon
Print-Version: http://bit.ly/Printversion

Sie können das

Kommunikation mit GMV – mit gesundem Menschenverstand überzeugen – Kommunikation für Führung, Verkauf und den ganzen Rest

269 Seiten, Friendshipverlag, 2013
ISBN: 978-3-944240-11-4

Kommunikation ist einfacher, als viele denken. Jürgen Zirbik geht das Thema mit Know How und GMV an. Denn mit gesundem Menschenverstand (GMV) lässt sich vieles einfach, flott und mit Spass erreichen. Sie erfahren, wie einfach Kommunikation sein kann, wie Menschen ticken und wie Sie souverän kommunizieren können: als Verkäufer, als Führungskraft und als Mensch (nicht zu vergessen).

Zum Buch

Kindleversion: http://bit.ly/SieKoennenDasKindle
Printversion: http://bit.ly/SiekoennendasPrint

www.ingramcontent.com/pod-product-compliance
Lightning Source LLC
Chambersburg PA
CBHW082005220426
43669CB00016B/2724